JN492247

당당엄마 특수교육

미국 특수교사가 전하는 엄마를 위한 응용행동분석

당당엄마 특수교육 **미국 특수교사가 전하는 엄마를 위한 응용행동분석**

발행일 | 2013년 1월 10일 초판 1쇄 발행
2013년 8월 10일 초판 2쇄 발행
2014년 9월 10일 초판 3쇄 발행

저자 | 최진혁, 박혜숙
발행인 | 강학경
발행처 | **(주) 시그마프레스**
편집 | 김경임
교정 · 교열 | 김형하

등록번호 | 제10-2642호
주소 | 서울특별시 영등포구 양평로 22길 21 선유도코오롱디지털타워 A401~403호
전자우편 | sigma@spress.co.kr
홈페이지 | http://www.sigmapress.co.kr
전화 | (02)323-4845, (02)2062-5184~8
팩스 | (02)323-4197

ISBN | 978-89-97927-75-3

• 저자와의 협의하에 인지는 생략합니다.
• 이 책의 내용은 저작권법에 따라 보호받고 있습니다.
• 잘못 만들어진 책은 바꾸어 드립니다.

* 책값은 책 뒤표지에 있습니다.

당당엄마 특수교육

미국 특수교사가 전하는 엄마를 위한 응용행동분석

최진혁, 박혜숙 지음

Σ 시그마프레스

차례

PART 3
데이터를 만들자

PART 4
주다를 사랑해 – 언어발달 여섯 가지만 알아두자!

PART 5
제니스를 사랑해－가장 중요한 맨드교육!

PART 6
로버트를 사랑해－사회성 발달에 중요한 택트교육!

PART 7
라이언을 사랑해－글자 읽기의 첫걸음

PART 8
브랜든을 사랑해－우리 아이 용변훈련

저자는 이 책을 쓰기로 마음먹기까지 12년이 넘는 배움과 교육 현장 경험의 과정을 거쳤다. 한국에서 특수교육을 전공하였고, 4년 동안 자신에게 던져진 질문은 "내 학생, 특수 아동이 과연 얼마나 바르게 발전하고 있는가?" 하는 것이었다. 그래서 유학을 결정하였고, 8년 전 미국으로 건너와 아이비리그학교 중 한 곳인 맨해튼의 컬럼비아대학교 사범대학(Columbia University, Teachers College)에서 응용행동분석을 전공하였다. 미국 뉴욕 지역의 사립 · 공립학교들에서 다년간 특수교사로 근무하며, 일반 · 특수 아동의 언어행동발달 연구에 참여하였고, 응용행동분석을 이용한 교육적 방법의 효율성을 학문적으로, 일상적으로 경험하였고, 현재 특수학교의 임원과 대학교수로 일하며 연구도 병행하고 있다. 그리고 유학을 결정하던 그 순간에 던졌던 질문의 답을 찾기 시작하였다.

"If you're old, don't try to change yourself,
change your environment."
By B.F. Skinner

"자신을 바꾸기에 너무 늦었다고 생각한다면,

자신을 바꾸기보다는 당신의 환경을 변화시켜라."

-스키너

부모와 교사는 아동의 행동을 환경적인 시각에서 이해하고 변화시키고자 하는 과학자이자 교육자가 되어야 한다. 특히 이 책에서는 아동의 적절한 행동과 언어를 형성시키기 위해 과학적이고 집에서 쉽게 적용할 수 있는 절차를 소개한다.

이 책의 특성은, 첫째, 일반인을 위해 응용행동분석을 쉽게 설명한다. 둘째, 집에서 적용할 수 있는 응용행동분석 책략(tactic)을 소개한다. 셋째, 응용행동분석 적용 시 사용할 수 있는 그래프와 데이터 수집 양식을 실었다. 넷째, 교육 현장에서 접한 여러 문제행동 · 학습장애문제 사례를 중심으로 해결방법을 소개한다. 다섯째, 자폐아와 ADHD(주의력결핍 과잉행동장애) 자녀를 둔 부모가 반드시 알아야 하는 지식을 설명한다. 여섯째, 미국 특수학급과 응용행동분석학교의 모습을 소개한다. 일곱째, 자폐아를 둔 부모에게 유용하게 활용할 수 있는 각종 참고서적, 학회지, 홈페이지를 소개한다.

한국에는 응용행동분석 혹은 행동수정에 관한 책이 이미 많이 번역 · 출판되어 있고, 그 대부분은 미국의 스키너에게서 시작된 응용행동분석에 관한 번역서라고 해도 과언이 아닐 것이다. 하지만 일반인이 이해하기에는 너무 학문적인 용어와 어려운 내용으로 인해, 가정생활 속에서도 교육하고 싶은 부모에게는 전문적인 학문과 실제 양육 사이의 거리감을 좁혀주지 못하였다.

저자는 이 책을 통하여 특수한 자녀를 양육하는 부모의 위대함에 우리의 응용행동분석이론을 접목해 보고자 한다. 과학적인 이론에 기반한 실험에 의해 그 효율성이 입증된 응용행동분석을 이용하여 아동들이 언어능력을 습득하고 긍정적인 대체행동의 교육을 통해 문제행동을 대체하며, 학교나 가정과 지역사회 안에서 좀더 독립적으로 기능할 수 있는 방법을 소개한다. 하지만 전문적인 학문적 용어는 잠시 접어두자. 부모들 사이에 유행처럼 번지는 비과학적 방법(unproven fads)을 따라가기보다, 과학적 이론을 기반으로 한 절차를 찾아보자. 아동의 발달에서 지나가면 다시는 오지 않는 중요한 결정적 시기(critical period)를 소중하게 이용하는, '과학적'이고 당당한 부모가 되자. 이 책이 아동의 긍정적인 변화를 간절하게 바라는 '과학적' 부모의 마음에 교육전문가의 씨앗을 전하려고 한다.

끝으로, 저자는 컬럼비아대학교 응용행동분석 프로그램의 교수진과, 뉴욕, 뉴저지, 버지니아, 루이지애나에 소재한 이 프로그램을 적용하여 교육하는 카바스(Comprehensive Application of Behavior Analysis in Schooling, CABAS®) 학교들의 교직원들이자 대학원생들에게 감사의 마음을 전한다.

"Education is what survives when

what has been learned has been forgotten."

By B.F. Skinner

"교육은 배운 것 중 '다 잊어버리고 남은 것'을 의미한다."

-스키너

박사 최진혁, 박혜숙

PART 1

응용행동분석(ABA)!
어렵지 않아요

엄마 “우리 아이가 자폐아인데, 무엇부터 시작해야 할지 모르겠어요.”

닥터 최 “집에서 응용행동분석을 실천해 보세요.”

엄마 “치료실에 가야 하나요?”

닥터 최 “집에서 먼저 시작해 봅시다.”

응용행동분석(Applied Behavior Analysis). 이름만으로도 생소하다. 특수교육이라는 단어도 모르는 사람은 다시 물어온다. “그게 뭐예요?” 쉽게 생각하자. 아이가 심부름을 할 때마다 엄마는 칭찬을 한다. 구두를 닦았다고 아빠는 용돈을 주신다. 열심히 일해서 월급을 받는다. 왜 이런 일상적인 행동들이 유지되는지를 생각해 보는 것이 곧 응용행동분석이다. 응용행동분석은 일상생활에서 일어나는 행동이 그 대상이다. 응용행동분석은 생활과 밀접한 것이며, 어려운 것이 아니다. 현명한 엄마라면 본인도 모르게 이미 응용행동분석을 자녀 교육에 실천하고 있을 것이다. 좀더 체계적으로 응용행동을 배우는 것은 조금은 어렵더라도 충분히 가치 있는 일일 것이다. 알아서 남 주지 말고, 알아서 아이를 위해 쓰자.

여기에 특수 아이를 둔 엄마가 있다. 자폐아일 수도, 주의력결핍 과잉행동장애아(ADHD)일 수도 있다. 이 엄마는 매일 매일 아이를 위해 좋은 병원과 치료실을 찾아다닌다. 마침내 미국에서 특수교사로서 다년간 일하고, 특수교육학만 10년을 넘게 공부하여 석 · 박사학위까지 마친 닥터 최(Dr. Choi)와 닥터 박(Dr. Park)을 만났다. 궁금한 것이 참 많다. 이때까지 궁금해했던 것들을 물어보자.

1 어렵지 않아요!

엄마 "응용행동분석이 무엇인가요?"
닥터 최 "응용행동분석은 과학입니다." [1]

침대만이 과학이 아니다. 행동원리와 과학적인 전략을 바탕으로 한 교수법이 응용행동분석이다. 이러한 전략을 사회적으로 아주 중요한 인간행동에 체계적으로 적용한다. 행동의 변화에 초점을 둔 과학적 실험 역시 중요한 요소이다.

엄마 "그래도 어렵네요…."
닥터 최 "하나씩 차근차근 풀어 봅시다. 응용행동분석! 어렵지 않아요!"

엄마　“왜 응용행동분석이 과학적인가요?”

닥터 최　“과학적으로 연구되어 발표된 논문을 바탕으로 하는 교육법이라고 할까요?”

엄마　“우리 아이는 놀이치료실, 음악치료실, 심지어 꽃치료실에 다니는데요?”

닥터 최　“과학적으로 증명이 되어 있나요? 돈이 들어가는 만큼 효과를 보고 있나요?”

엄마　“그렇다고 다른 대안도 없잖아요. 학교시간이 끝나고 집에 아이를 둘 수는 없잖아요.”

실제로 특수교육에 조금이나마 관련이 있는 많은 사람들이 이렇게 이야기한다. “도대체 우리 아이가 어떻게 달라지고 있는지 모르겠어요.” 학교를 마치면 다시 ‘소문난’ 놀이치료실에, 음악치료실에, 심지어 꽃치료실까지 아이를 데리고 간다. 금전적 부담이 이만저만이 아니다. 매일 신문과 뉴스에서 중 · 고등학생의 사교육비를 다룬다. 하지만 방과 후 특수교육 관련 사교육에 들어가는 비용에 비교할 바가 아니다. 그래서 이 책에서 실질적이고 검증이 가능한 방법을 소개한다. 집에서도 쉽게 할 수 있는 방법을 소개하려고 한다. 교육비도 아끼고, 시간도 아낄 수 있는 방법을 찾아보려고 한다. 실제로 우리 아이의 변화를 눈으로 확인할 수 있는 방법을 소개한다.

엄마　“어떻게 눈으로 확인할 수 있나요?”

닥터 최　“우리가 점쟁이는 아니지만, 과학적으로 예측 · 검증이 가능합니다.”

행동주의의 가장 큰 특징은 객관적인 관찰을 통해 측정이 가능한 행동을 그 과학적인 활동의 대상으로 한다는 것이다. 이는 데이터 측정을 통해 중재로서 이루어진 조작된 환경의 변화에 따른 목표행동의 변화를 증명함으로써 그 중재의 효과를 검증하는 것이다.[2] 데이터는 수많은 국제 저널에 논문으로 실리고 있으며, 대표적인 행동주의의 아버지라고 할 수 있는 스키너는 사회적 · 종교적 · 정치적인 모든 것을 포괄하는 인간 행동을 설명하려 했다. 행동분석가들은 특정 개인이 속한 환경과 그가 보이는 행동 간의 상관관계를 체계적이고 객관적인 관찰과 기록을 통해 파악할 수 있다. 또한 그 과정을 통해 특정 환경하에서 개인이 보이는 행동을 예측할 수 있다. 점쟁이가 예언을 하듯, 과학적인 증거를 통해 예측하는 것이다. 응용행동분석이 교육현장에서 적절히 이용되는 경우의 이점 중 하나는 바로 경제성으로, 보이는 데이터를 이용하여 적절한 시간에 과학적 분석을 통해 전략을 짜는 것이다. 항상 엄마 자신에게 물어보아야 한다. "금전적 경제성? 교육의 효율성?" 엄마들이여, 잡히지 않는 구름과 같은 유행을 따라가기보다 과학자가 되어야 한다.

미국에서 시작하여, 캐나다, 유럽, 그리고 최근 한국까지 증거 중심 교육(Evidence-Based Intervention)의 열풍이다. 한국의 특수교육법처럼 미국에서도 특수교육뿐만 아니라 교육의 전반을 다루는 낙제학생방지법(No Child Left Behind Act, NCLB)에 따르면 과학적 연구가 뒷받침

하는 증거 중심 교육을 시행하라고 명시하고 있다. 다른 여러 가지 법이 있지만, 거두절미하자.

증거 중심 교육이 강조하는 것은 과학적 연구에서 입증된 효과적인 교수법을 이용하는 것이다.[3] 정확한 목표 학생그룹을 설정하고, 그 그룹의 목표행동에 효과를 보여 주는 과학적 교수법을 논문에서 찾는 과정이 핵심이다. 그리고 그 전략과 기술을 미리 정한 학생그룹에 적용하는 것이다. 이 과학적 증거 중심 교육의 요소를 가장 적합하게 만족시키는 교수법 중 하나가 바로 응용행동분석이라고 할 수 있다. 목표 학습행동을 측정하고, 분석하며, 그 데이터를 바탕으로 과학적으로 효과가 입증된 전략을 적용하는 것이다.

엄마 "그러한 증거를 보여 주는 연구가 어디에 있나요?"

닥터 최 "엄청 많습니다."

그림 1.1 응용행동분석이 증거 중심 교육에 포함된다.

자, 그러면 그러한 증거를 보여 주는 논문자료를 찾아보자. 이 자료는 국제 학술지에서 찾을 수 있다. 이런 학술지에 논문이 실리기 위해서는 장기간의 실험을 거친 후에 관련 학술지에 제출하고 편집위원인 교수들에 의해 학술적 검증을 거치게 된다. 한 편의 논문이 유명 학술지에 실리는 데는 적어도 1년이 족히 걸리는데, 이는 그 속에 있는 정보들이 검증을 거치고 굉장히 믿을 만하다는 것이다. 그런데 문제는 이 연구논문이 영어라서 일반인이 읽기에 부담스러운 것이 사실이다. 거기에다 전문 용어가 즐비하다. 영어를 잘하는 엄마가 있다고 하더라도, 학문적 논문은 읽기가 부담스러운 것이 사실이다. 그러나 걱정은 접어두자. 이러한 논문을 잘 이해하고 실제로 적용할 수 있는 전문가를 찾아가는 것도 한 방법이다. 한국에는 응용행동분석을 전문적으로 공부한 이들이 조금이나마 생겨나고 있으며, 공인받은 응용행동분석가 자격증을 가진 전문가(CABAS, BCBA)들도 적은 수이지만 생겨나고 있다. 무엇보다 한국에 응용행동분석과 언어행동분석에 관한 책들이 속속 번역·출판되고 있으니 참 좋은 일이다. 각종 포털사이트를 이용하여 〈표 1.1〉의 학술지를 검색해 보자.

표 1.1 응용행동분석 관련 학술지 리스트

학술지	설명	링크
The Behavior Analyst	국제응용행동분석학회(ABAI)에서 발행하는 학회지이다. 이론적·실험적·응용적인 주제를 다루고 있으며, 행동주의 이론을 중점적으로 다룬다.	http://www.abainternational.org/journals.asp
The Analysis of Verbal Behavior	언어행동에 관련된 주제로 국제응용행동분석학회에서 발행하는 학술지이다. 기본적 언어 작동행동, 다변적 통제, 인식론, 규칙 적용적 행동, 언어 습득 중재방안 등의 주제로 논문이 출판된다.	http://www.abainternational.org/journals.asp
Behavior Analysis in Practice	실험을 통해 효과가 증명된 여러 중재 절차의 실제적 실천을 주제로 한 논문이 출판된다. 실제 상황에서 데이터분석과 여러 중재방안을 적용하고 싶어 하는 학부모나 전문가에게 유용한 학술지이다.	http://www.abainternational.org/journals.asp

표 1.1 응용행동분석 관련 학술지 목록(계속)

학술지	설명	링크
Journal of Applied Behavior Analysis	가장 오래된 응용행동분석 학술지로 행동 수정 및 사회성 문제와 관련된 중재방안을 중심으로 논문이 출판된다.	http://seab.envmed.rochester.edu/jaba/
Journal of the Experimental Analysis of Behavior	역시 가장 오래된 행동분석 학술지로 인간의 행동뿐만 아니라 동물의 행동까지 광범위한 주제로 논문이 출판된다.	http://seab.envmed.rochester.edu/jeab/index.html
Journal of Behavioral Education	행동분석을 이용한 교육방법을 주제로 한 논문이 출판된다.	http://www.springerlink.com/content/105719/
Journal of Behavior Assessment and Intervention in Children	응용행동분석을 이용한 아동의 언어 발달, 행동 수정 등 다양한 중재방안을 이용한 실험결과를 보여주는 논문이 출판된다.	http://www.baojournal.com/JEIBI/jeibi-index.html
The Psychological Record	저명한 행동주의자들인 스키너와 캔토에 의해 만들어진 학술지로서, 심리학과 응용행동분석을 주제로 논문을 출판한다.	http://thepsychologicalrecord.siu.edu/

2

과학적인 응용행동분석의 특징

응용적, 행동 중심적, 분석적, 기술적,
보편적, 효과적, 체계적 개념[4]

응용행동분석은 위와 같은 특징을 가진다. 간단히 설명하자면, 체계적인 개념이론을 바탕으로 행동을 분석해서 보편적으로 응용할 수 있는 기술을 제공하는 교수법이라고 생각하면 된다. 행동분석을 이용한 교육은 다음과 같은 특징도 있다.[5]

지속적으로 학습활동을 측정한다.

모든 학습활동은 개인의 특성에 맞추어지고, 교사 · 치료사는 끊임없이 지속적으로 학습활동을 측정한다. 응용행동분석가들은 신을 믿기보다는 데이터를 믿는다는 우스갯소리를 한다. 그 데이터를 그래프로 만들고 이를 바탕으로 순간순간(moment-to-moment) 다음 단계에 적용하기 위한 전략을 결정한다.

논리적이고 과학적 경험을 통해
검증된 교육과정을 이용한다.

기본적인 행동원리와 연구에서 비롯된 200개가 넘는 전략을 교육적 · 사회적으로 중요한 행동발달을 위해 적용한다. 교실과 수업은 언제나 긍정적인 환경에서 이루어지며, 무서운 환경에서 이루어지는 가르침이 아니라 엄격하지만 화기애애한 분위기에서 이루어지는 가르침이 행동분석을 이용한 교육이라고 할 수 있다. 그래서 응용행동분석을 이용하는 교사 · 치료사를 행동과학자라고 한다. 학생의 향상은 눈으로 볼 수 있는 그래프에 의해 판단한다. 뜬 구름 잡는 이야기는 하지 않는다.

엄마 "제가 응용행동분석에 대해서 좀 아는데, 오래되고 딱딱한 교육법이 아닌가요?"

닥터 최 "....."

엄마 "응용행동분석은 자폐아만을 위한 것이라고 들었는데요?"

닥터 최 "......"

응용행동분석에 대한 사람들의 오해에 대해서 알아보자. 미국에서 응용행동분석은 자폐 아이의 가장 실제적인 발달을 보여 줄 수 있는 방법으로 알려지고 있다. 하지만 응용행동분석은 자폐아에게뿐만 아니라 행동장애, ADHD, 기타 발달장애, 그리고 일반학급에서도 광범위하게 사용되고 있다.[6]

엄마 "응용행동분석은 쪼개어진 변별학습단위(discrete trial)로만 가르친다고 들었는데요?"

닥터 최 "사실과 다릅니다."

응용행동분석에서는 아이의 목표행동을 측정하기 위한 단위를 사용한다. 하지만 그 단위는 작은 것부터 큰 단위까지 다양하며, 아이의 특성에 따라 측정 방법 또한 다양하다.[7]

엄마 "응용행동분석은 아이에게 너무 엄격하고 까다롭지 않나요?"

닥터 최 "반대입니다. 긍정적인 환경에서 이루어집니다."

응용행동분석을 이용한 교실은 반드시 긍정적인 환경(positive environment)을 가지게 되어 있다. 응용행동분석을 이용한 교육은 지속적인 칭찬과 보상으로 이루어진다. 보상과 칭찬으로 습득된 학습행동이 벌로 습득된 학습행동보다 더 오래 지속되는 것으로 과학적 논문에 의해 증명되고 있다. 칭찬과 상이 더 효과가 있다면 그것을 마다할 이유가 없다.

엄마 "응용행동분석은 아이를 로봇처럼 행동하게 만들지 않나요?"

닥터 최 "행동의 일반화가 최종 목표입니다."

응용행동분석을 이용한 교육의 최종목표는 목표행동의 일반화이다. 다양한 환경 속에서 다양한 모습으로 목표행동이 보였을 때 진정으로 목표행동이 습득되었다고 판단할 수 있다.

엄마 "일대일 교육으로 인해서 아이가 친구들과 어울리지 못하게 되나요?"

소그룹 혹은 학급 전체 그룹으로 수업을 진행하는 것이 응용행동분석의 기본이다. 그룹 속에서의 부족한 점을 충족시키기 위해 일대일 교육을 실시한다. 친구들과 어울릴 수 있는 사회성 기술 · 언어행동을 가장 중요한 목표행동으로 정한다.

엄마 "집중적인 응용행동분석을 이용한 교육은 가족으로부터 아이를 분리시키지 않나요?"

닥터 최 "그 반대입니다."

응용행동분석에서는 가족과 함께 어울릴 수 있는 행동 · 기술을 가르치고, 지속적으로 상호작용할 수 있도록 가르치는 것이 가장 중요한 요소이다. 응용행동분석을 이용한 학교에서는 학부모 교육 · 상담을 통해 가정에서 가족과 함께 어울릴 수 있는 사회성 · 행동을 가르친다.

3

응용행동분석의 인기

미국·캐나다에서 응용행동분석의 열풍이다. 미국에서만 응용행동분석 관련 학과를 가진 대학원이 200개 이상 있으며, 실제로 이곳에서 교사로 생활하면서 자폐아를 가르치는 학급·학교는 대부분이 응용행동분석을 이용한 학급이거나 최소한 응용행동분석·언어행동분석의 요소를 가지고 있다. 그 이유는 미국의 대표적 교육법인 낙제학생방지법(NCLB)에서 과학적 연구를 바탕으로 한 교육법을 이용하도록 명시하였기 때문이다. 응용행동분석이야말로 증거 중심 교육, 연구를 바탕으로 한 과학적 교수법의 요소를 가장 적절하게 만족시킨다. 또한 자폐아를 위한 안전한 교육적 방법으로 미국 연방공중위생국장이나 뉴욕 주 보건국과 같은 주정부 혹은 연방정부기관들, 그 밖에 미국국립과학원, 자폐증중재과학협회 등과 같은 기관들에 의해 추천되고 있는 교육적 방법이다.

자폐아를 가르치는 학교는 지역교육 당국의 재정 지원을 좀더 용이하게 받을 수 있는 경우가 많고, 증거 중심 교육을 이용한 학교에 두둑한 재정 지원을 한다. 학부모들 역시 방과 후에도 행동분석가를 고용하여 아이를 가르치도록 한다. 비싼 비용은 학부모가 담당하기보다는 국가에서 많은 부분을 지원한다. 실제로 버지니아 주와 뉴욕 주를 비롯해 많은 주에서 의료보험으로 이 비용을 지원하는 법안이 통과되거나 상정되고 있다. CNN에 보도된 응용행동분석에 관한 기사를 보자.

자폐아를 둔 가족의 변화

CNN, 2009. 2. 4.
by Linda Saether

최근까지 빌슨의 집은 한마디로 전쟁터였다. 13살 된 딸 매리사는 자폐아인데, 새가 내는 소리로 비명을 지르고 6살인 동생과 15살인 언니가 누릴 수 없는 '특권' 을 누리고 있다.

가족은 매리사의 울음 때문에 공공장소에 같이 나갈 수도 없다. 같이 동네 가게에 갈 수도 없다. 자신이 가지고 싶어하는 것을 가질 때까지 상상하기도 힘든 비명을 지른다.

하지만 이것은 이제 다른 집 이야기가 되었다.

최근, 빌슨 가족의 삶은 조용하고 평화롭기까지 하다. 그 이유는 매리사와 엄마, 아빠가 '5일 전략' 을 통해 만든 규칙을 따르고 있기 때문이다. 그 전략은 '자폐아 파트너십' 이라는 단체에서 무료로 제공한 서비스인데, 보통 이 서비스를 받으려면 일주일에 2천 달러가 넘게 든다. 의료보험을 통해 제공되지도 않는다. CNN은 빌슨 가족이 이 서비스를 무료로 받는 전 과정을 취재하였다.

집약적인 일대일 가정방문지도가 행동지도사인 딕 쉬메더 씨에 의해 이루어졌다. 그는 '응용행동분석' 이라고 알려진 방법을 통해 행동수정을 실시했다. 응용행동분석은 본질적으로 행동의 패턴에 변화를 준다. 나쁜 행동보다 좋은 행동에 대해 상을 준다. 본질적으로 이 모든 것은 매리사가 이해할 수 있는 방법으로 이루어진다.

행동치료사의 말을 빌리자면 매리사는 통제불능 상태였다고 한다. 하지만 이전과는 다르게 지금은 규칙을 따르는 아이로 바뀌었다.

매리사의 엄마는 '5일 전략' 을 통한 일주일 동안 몇 가지 중요한 것을 배웠다고 한다. "나는 우리 딸 매리사가 영리하다는 것을 배웠어요." 아빠 역시 "우리 딸이 생각보다 훨씬 똑똑하다."라고 말한다.

요즘 빌슨 가족의 집은 아이의 비명소리가 줄었으며, 매리사의 부모 손에 다시 힘의 균형이 주어졌다. 매리사의 울음에서 벗어났다. 하지만 빌슨 가족에게는 아직 해야 할 일이 많다. 쉬레더 씨는 행동분석이론은 결국 "교육에 관한 것이다."라고 이야기한다. "매리사와 같은 아이는 자리에 가만히 앉아서 이야기하지 못한다." 쉽게 그러한 행동을 습득하지 못한다. 그래서 우리는 여러 작은 단계로 나누어서 가르쳐야 한다. 여러 단계를 이해하기 쉽게 만들고 한 단계씩 차근히 가르쳐야 한다. 지금 빌슨 가족이 집에서 하고 있는 것이 바로 '한 단계씩 차근히' 라는 것이다. 새로운 행동을 매리사에게 가르칠 때면, 더 많은 시간을 할애한다. 처음에는 20분에서 시작해서 점차 시간을 60분까지 늘린다.

매리사 엄마가 최근 쉬레더 씨에게 이메일을 썼다. 매리사에게 사용하던 보상에 딸아이가 더 이상 관심을 두지 않는다는 것이다. 같은 보상이 효과가 없어지고 있다는 것을 알고 빌슨 가족은 딸아이가 원하는 새로운 보상물을 찾아내어 이용하고 있다고 한다.

매리사 엄마는 통제할 수 없었던 딸이 일주일 동안의 서비스를 통해서 규칙을 따르는 아이가 되었다고 한다. 언니의 방에 함부로 들어가지도 않고, 컴퓨터를 독차지하지 않으며, 모든 일에 비명을 지르며 해결하려 했던 행동이 없어졌다고 했다.

매리사 엄마는 '보통 일반 가족' 처럼 외출해 보는 것이 간절한 소원

이었다. 무엇보다 가장 행복한 것은 '그 특이한 장면(비명)' 없이 딸과 함께 공공장소에 나갈 수 있다는 것이다. 일주일 간의 중재치료를 통해서 단순히 매리사가 규칙을 따르고 가족에게 조용한 삶이 주어진 것뿐만 아니라, 가족은 다시 뭉치게 되었다.

이야기는 응용행동분석을 통해 매리사의 가족이 겪고 있는 딸의 문제행동을 해결하는 이야기를 보여 주고 있다. 사춘기에 막 접어든 매리사는 자폐를 가지고 있으며, 쉼 없이 뛰고, 자신을 물어뜯고, 물건을 훔치고, 한마디로 일반인이 이해할 수 없을 정도의 문제행동을 보이는 아이였다. 쉬레더 씨는 이 서비스가 연구를 바탕으로 하고 있다고 말하진 않았지만, 실제적으로 응용행동분석의 효과는 연구에 의해서 증명되고 있다. 이 이야기는 명료한 규칙을 지속적으로 적용했을 때 나타날 수 있는 효과를 보여 주고 있다.

미국 시사 주간지 뉴스위크(Newsweek)와 NBC 방송사의 'The Today's Show', ABC 방송사의 'Nightline'에서도 응용행동분석에 대해 과학적 접근법으로 소개하였다. 자폐아를 둔 부모에게도 응용행동분석의 인기는 실로 놀라울 정도이다. 한국의 엄마들처럼 무슨 치료이다, 무슨 치료이다 하며 이곳저곳을 거치면서, 종종 실망하기도 한다. 하지만 응용행동분석을 이용한 학교와 학급에 보내면서 많은 부모들이 아이의 변화에 신기해하며 큰 만족도를 보이고 있다. 미국의 가장 큰 자폐아 학부모 단체 중 하나인 '자폐아학부모모임(Autism Society)'이 올린 글을 아래에

사진출처 : 『Newsweek』

요약해 본다.

AUTISM SOCIETY
Improving the Lives of All Affected by Autism

Doreen Granpeesheh Ph.D. & Jomathan Tarbox Ph.D.

최근 10년간 행동 중심 중재전략이 자폐아에게 언어, 사회성, 자립, 학습 기초적인 기능을 가르치는 데 효과적이라고 널리 알려지고 있다. 하지만 행동 중심적인 접근법 속에서 이루어지는 복잡한 인지 · 정서적인 기능 교육에 대한 관심은 상대적으로 적었다. 행동주의 분야 밖의 전문가들은 행동주의적 접근법으로는 복잡한 인지 · 정서적인 기능이 다루어질 수 없고, 다루어질 수도 없다고 비판한다. 하지만 이러한 관점은 응용행동분석에 대한 잘못된 인식에서 비롯된 것이다. 실제로 많은 자폐아는 응용행동분석적 접근법을 이용하여 여러 복잡한 인지 · 정서적 능력을 배우고 있다.

자폐아 학부모들은 일반적으로 사회인지와 수행기능을 구분하는 데 동의한다. 사실 두 영역 사이에는 상당히 큰 공통분모가 있지만, 구분해서 설명해 보자. 사회인지라는 것은 다른 사람의 감정을 이해하는 능력이라고 할 수 있다. 혹자들은 '마음이론' 이라고 하며, 다른 사람들은 '상대방 관점에 대한 이해' 라고 이야기한다. 무엇이라고 부르던 일단 다른 사람을 이해하는 능력이라고 할 수 있다. 많은 연구들은 자폐아가 사회인지능력이 부족하다고 말하고 있다. 우리가 주로 대하는 아동 · 청소년들은 다음과 같은 영역에서 어려움을 겪는다.

수행기능이란 목표 성취를 위한 행동을 통제하는 두뇌의 기능을 말한다. 주로 단기기억, 장기기억, 주의집중, 계획수립, 자기인식, 문제해결 등의 능력이 수행기능에 포함된다. 응용행동분석에서는 이 수행기능을 가르칠 수 있는 기술로 보고 있다.

사회인지와 마찬가지로 자폐아들은 이 수행기능 습득에 어려움을 겪는 것으로 알려졌다.

이러한 이야기들은 실제로 응용행동분석이라는 분야에서 아마도 다루고 있지 않다고 알려지고 있지만, 이는 사실과 다르다. 응용행동분석은 본질적으로 실질적인 기능과 접목되어 있어, 앞에서 말한 복잡한 사회인지와 수행기능 또한 완벽하게 다루고 있다.

응용행동분석은 실제 삶과 연관된 문제에 변화를 주기 위한 접근법이며, 의미 있는 변화를 이끌어 내는 데 성공적이다. 언제나 측정 가능한 중요한 변화를 이끌어 내는 것에 초점을 맞추고, 측정 가능한 변화를 이끌어 내지 못하는 이론적 접근이라면 그 실제 삶에 끼치는 의미도 거의 없다고 할 수 있다.

선행되어야 하는 사회인지와 수행기능은 결국 사람이 실제적인 행동을 보이는 것이라 할 수 있다. 응용행동분석은 이러한 행동을 이해하고 가르치는 데 도움을 준다. 응용행동분석을 이용한 접근법은 가장 실질적인 방법으로 잘 알려지고 있다. 사실 낭비할 시간도 이데올로기를 걱정할 시간도 없다. 아이가 가치 있는 것을 배우는 데 효과가 있다면, 그것은 그 자체로 유용하다고 할 수 있다. 자폐아에게 더 많이 적용될 응용행동분석을 기대해 본다. 매일 과학자와 전문가들은 응용행동분석이 가질 수 있는 한계를 극복하고 있으며, 자폐아라는 퍼즐의 한 조각을 끼우고 있다.

한국에도 교육적인 접근으로 응용행동분석이 소개되기 시작했다. 네이버 캐스트는 학문적이면서도 일반인을 위해 쉽게 설명한다. 네이버 캐스트에 올라온 '인간은 어떻게 배울까?'라는 글을 제목에서 알 수 있듯이 인간이 어떻게 학습하는지, 그 원리를 기본적인 행동분석학적 관점에서 설명하고 있다. 파블로프가 보여 줬던 벨소리를 들으면 침을 흘리게 되는 개 실험 이야기와 실험실 쥐가 레버를 누르면 먹이가 나오는 환경을 조성하여, 쥐의 레버를 누르는 행동이 증가하는 것을 설명했던 스키너 이야기까지 그림으로 쉽게 설명하고 있어서 기본적인 학습원리를 이해하는 데 유용하다.

'행동수정'이라는 제목으로 응용행동분석의 일부분을 소개하는 게시물도 있다. 행동수정이라는 용어는 그 의미의 제한성 때문에 현대의 응용행동분석에서는 그렇게 선호되는 용어는 아니다. 실제로 응용행동분석은 문제행동의 수정뿐만 아니라, 긍정적 대체행동을 형성하고, 교과 관련 학습행동의 향상을 위해서 광범위하게 사용된다. 하지만 기본 학습이론을 바탕으로 행동을 변화시킬 수 있다는 것을 쉽게 설명하고 있으며 간단한 그래프를 예로 보여 주고 있다.

'파블로프 조건화' 라는 제목의 네이버 캐스트도

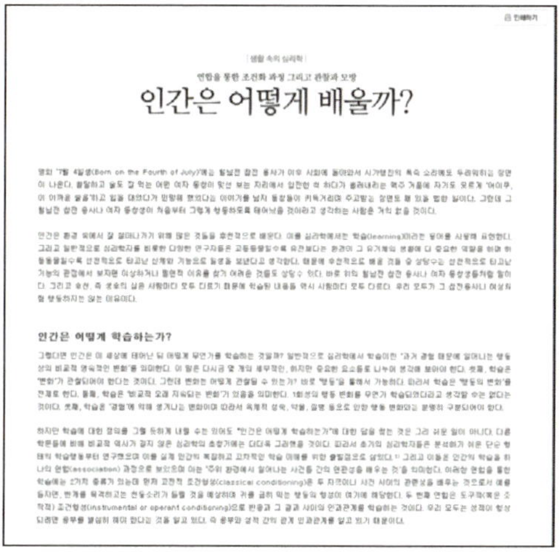

인간은 어떻게 배울까?

행동수정

행동수정 또는 행동치료

사진출처 : 네이버 캐스트

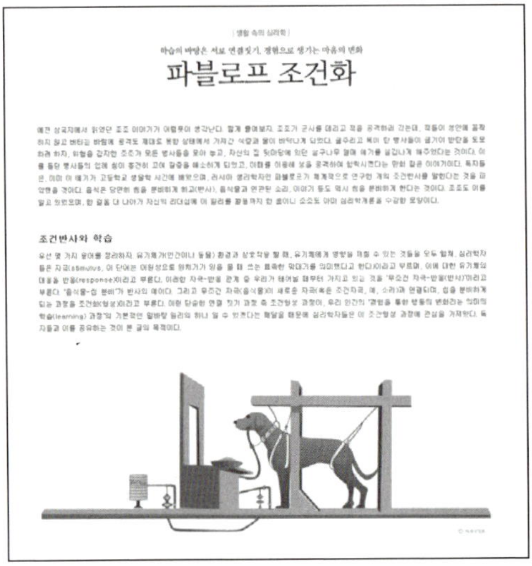

사진출처 : 네이버 캐스트

소개해 본다. 종소리가 울릴 때마다 개에게 먹이를 장기간 주고, 그 후에 종소리만 들려줘도 침을 흘렸다는 개 실험 이야기를 두뇌의 활동구조와 함께 설명하고 있다. 이 글은 조건화를 이해하는 데 도움을 준다. 파블로프에 대해서는 뒤에서 좀더 알아보자.

엄마 "응용행동분석이 어떤 것인지 조금은 알겠네요. 한 단어로 '과학적' 이라고 하면 될까요?"

닥터 최 "오 마이 갓! 한국의 엄마들은 역시 세계에서 가장 똑똑한 엄마! 하지만 가장 중요한 것은 엄마가 먼저 교육전문가가 되는 것이죠."

엄마 "저는 특수교육을 전공하지도 않았어요. 교육학도 공부하지 않았어요."

닥터 최 "걱정 마세요. 신사임당이 교육학을 전공하지 않았듯이 응용행동분석을 전공하지 않았어도 쉽게 실천할 수 있습니다."

앞에서 조금이나마 응용행동분석의 인기를 알아보고 특징도 알아보았다. 엄마는 응용행동분석에 관해 부쩍 관심을 두기 시작했다. 부모 특히 엄마는 누구보다 자녀교육의 전문가가 되어야 한다. 특히 괄목할 만한 아이의 발달을 이끌어 낼 수 있는 기간이 있다. 이 기간을 결정적 시기라고 한다. 이 한정된 시간을 허비하면 이후에 따라잡기는 훨씬 힘들어진다. 그래서 조기 특수교육이 중요하다고 한다. 허비할 시간이 없다. 이 책을 읽고 있는 시간에도 우리 아이의 결정적 시기는 흘러가고 있다. 먼저 우리 엄마들이 시작해 보자. 당당한 엄마가 되는 첫걸음, 그 시작이 자녀교육의 과학자가 되는 것이다. 과학자가 되기 위해서 가장 기본적인 용어를 알아두면 좋을 것 같다. 이 책에서 자주 접할 용어 몇 가지를 알아두자.

4

작동행동

응용행동분석에서 행동을 분석하는 가장 기본적인 단위가 있다. '작동행동(operant)' 이라는 것이다. 작동행동이라는 것은 선행자극(선행사건)-반응-후속결과(antecedent-response-consequence)로 이어지는 유관적 단위를 말하는 것으로, 이는 단순하게 세 가지 요소만을 포함하는 의미가 아니라 유관에 내·외적 배경, 유인력(establishing operation) 등을 모두 포함한 것을 의미한다. 인간이 태어나서 부모를 포함한 주변 환경과의 상호작용을 통해 습득한 모든 행동은 작동행동이다.

이제 막 말을 시작한 아이가 도로를 지나가는 소방차를 보고, "엄마! 저기 소방차!"라고 말했다. 엄마가 "맞아! 우리 아기 똑똑하네!"라고 칭찬해 주었다. 이 상황에서 도로를 지나가는 소방차는 선행자극(선행사건)이 되며, "엄마! 저기 소방차!"라고 말하는 것은 아이의 반응, 엄마의 칭찬은 후속결과가 되는 것이다.

샤워를 하다가 뜨거운 물이 나왔다. 수도꼭지를 조절해서 물의 온도를 낮추었다. 샤워하기에 적당한 온도의 물이 나온다. 이 상황에서는 뜨거운 물이 선행자극, 수도꼭지를 조절하는 것이 반응, 적당한 온도의 물이 나오는 것은 후속결과가 되는 것이다.

학생이 수학시험을 봤다. 시험에서 수학문제 하나가 주어졌다. 학생이 그 수학문제를 풀어 답을 적었고, 그 답에 따른 점수를 받았다. 이 상황에서는 수학문제가 선행자극, 수학문제를 푸는 학생의 행동이 반응, 점수가 후속결과가 된다.

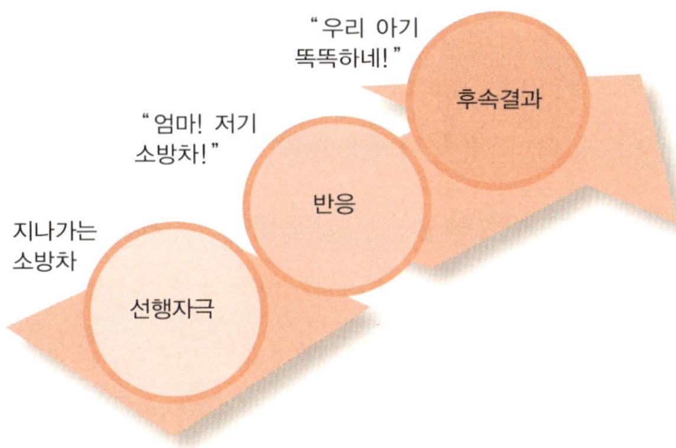

후속결과는 다시 나타날 반응에 미치는 영향에 따라 강화(reinforcement)와 벌(punishment)의 기능으로 나누어 설명되기도 한다.

5

강화와 벌

강화와 벌은 대표적 행동법칙(principles of behaviors)이다. 수많은 책에서 강화와 벌을 정의한다. 강화란 행동에 따르는 후속적 자극으로 그 행동이 앞으로 일어날 가능성을 더 키워 주는 역할을 하는 것을 의미한다. 자극을 추가하여 미래에 어떤 행동이 일어날 가능성을 키워 주는 것을 '정적 강화(positive reinforcement)'라고 하고, 자극을 제거하여 어떤 행동이 일어날 가능성을 키워 주는 것을 '부적 강화(negative reinforcement)'라고 한다. 엄마가 칭찬해 주는 일에 아이는 더 열중할 것이다. 이렇게 칭찬해 주는 — 추가해 주는 — 것을 정적 강화라 한다. 샤워 중에 뜨거운 물이 나와서 뜨거운 물의 수도꼭지를 잠근다. 뜨거운 물이 나오는 양이 줄어든다. 이렇게 뜨거운 물이 줄어드는 — 자극을 제거해 주는 — 것을 통해서 후에 뜨거운 물이 나올 때마다 수도꼭지를 잠그는 행동은 증가할 것이다. 이것이 부적 강화의 예이다.

칭찬, 사탕과 같이 어떠한 목표행동을 증가 · 강화시키기 위해 사용되는 것을 '강화제 또는 강화물(reinforcer)' 이라고 한다.

엄마 "응용행동분석이 그렇게 어렵게 다가오지만은 않네요."

닥터 최 "그렇습니다. 집에서 아이를 교육하는 시간을 좀더 유용하게 사용할 수 있는 방법이 바로 응용행동분석이라고 할 수 있습니다."

엄마 "어서 집에서 응용행동분석을 조금이나마 시작하고 싶어요."

닥터 최 "저도 조금이나마 도움을 드리고 싶습니다."

이제 조금이나마 응용행동분석을 가정에서 실천해 보고 싶은 생각이 들 수 있다. 이 책에서 저자는 가장 기본적으로 실천할 수 있는 응용행동분석의 기초를 제공하려고 한다. 앞으로 응용행동분석의 기본이라고 할 수 있는 관찰을 통해 목표행동을 설정하고, 데이터를 기록하며, 그래프를 이용하여 아이의 발전을 눈으로 확인할 수 있는 방법을 소개할 것이다.

달려 최가 되기까지

코가 떨어져 나가는 줄 알았다

처음으로 담임교사로 부임했다. 8명의 말 못하는 1학년 아이들을 맡았다. 보조교사로 2년간 근무한지라 준비는 되었다고 자신했다. 두근거리는 첫날이다. 금발에다가 파란색 눈을 한 인형과 같은 조그마한 남자아이가 웃으면서 스쿨버스에서 내려 무작정 안긴다. 우리 반 아이라고 직감하고 기쁘게 안아준다.

"악!"

그 아이가 내 코를 힘차게 물어버린다. 코가 떨어져 나가는 것 같다. 순간 방심했다.

동양인의 작은 코가 물 곳이 어디 있어서…. 담임으로서의 첫날 아이들과의 만남은 코피로 시작했다.

사랑스러운 아이들아, 준비하여라. 한국에서 내가 왔다. 장난은 끝났다. 열심히 공부하자.

참고문헌

1) Cooper, J. O., Heron, T. E., & Heward, W. L. (2007). *Applied behavior analysis* (2nd ed.). Upper Saddle River, NJ: Prentice Hall, Inc.

2) Alberto, P. A., & Troutman, A. C. (2012). *Applied behavior analysis for teachers* (9th ed.). Upper Saddle River, NJ: Pearson Education Inc.

3) Cipani, E. (2008). *Classroom Management for all Teachers: Plans for evidence-based practice*. Upper Saddle River, NJ: Merrill Prentice-Hall.

4) Cooper J. O., Heron T. E. & Heward, W. L. (2007). *Applied behavior analysis* (2nd ed.). Upper Saddle River, New Jersey: Prentice Hall, Inc.

5) Greer, R. D., Keohane, D. D., & Healy, O. (2002). Quality and applied behavior analysis. *Behavior Analyst Today*, *3*(2), 120-132.

6) Greer, R. D., & Ross, D. E. (2008). *Verbal behavior analysis: Inducing and expanding new verbal capabilities in children with language delays*. Boston: Person Education, Inc. 박혜숙, 최진혁, 김정일 역(2011). 『언어행동분석』 (서울: 시그마프레스).

7) Johnston, J. M., & Pennypacker, H. S. (1993). *Strategies and tactics of behavioral research* (2nd ed.). Hillsdale, NJ: Lawrence Erlbaum Associates.

PART 2

응용행동분석의 역사이야기

엄마 "응용행동분석은 어떻게 생겨났나요?"

닥터 최 "오랜 역사와 전통을 가진 교육법입니다."

피아제의 인지이론을 바탕으로 한 교육법, 몬테소리교육법 등 많은 교육·학습법이 우리의 귀를 솔깃하게 한다. 저마다 그 연구의 뿌리가 있으며, 과학적 근거가 있다고 말하고 있다. 하지만 과학적 엄마라면 다시 한 번 더 자신에게 물어보자. 얼마나 충분한 과학적 근거를 바탕으로 만들어진 교육법인지. 대학교 교수들과 수많은 석·박사급 사람들이 과거뿐만 아니라 현재에도 지속적으로 연구하여 그 결과로서 교육법의 효과가 증명되고 있는지 확인하는 자세가 필요하다.

응용행동분석을 이용한 교육법 역시 하루아침에 만들어진 교육법이 아니다. 그 뿌리는 그리스시대의 철학자들에게서까지 찾을 수 있다. 하지만 너무 오래전으로 돌아가지는 말자. 우리 귀에 익숙한 역사이야기를 통해 응용행동분석의 역사에 대해 알아보자.

우리가 학교에서 한 번쯤은 들어봤을 사람들이 여기 있다. 이 학자들이 행동주의의 기초를 다진 혹은 행동주의학자였다. 진화론을 세운 다윈, 미국 교육학의 아버지라고도 불리는 듀이, 개를 이용한 실험으로 유명한 파블로프, 교육학에서 한 번쯤은 들어 봤을 손다이크, 행동분석의 아버지 스키너, 켈러플랜으로 유명한 켈러까지.[1] 어렵기만 했던 행동분석이 생각보다 우리의 생활 가까이에 들어와 있다. 재미있는 역사이야기를 풀어 보자.

1

다윈 Charles Robert Darwin, 1809~1882

찰스 다윈이 1859년 『종의 기원』[2]을 통해 진화론의 기초를 마련한 사람이라는 것은 다들 알고 있다. 또한 다윈은 진화심리과학(evolutionary psychology as science)의 기초를 마련했다. 진화론에 대한 복잡한 이야기는 잠시 접어두자. 학자들 간에 다윈이 행동주의였는가에 대한 이견이 있을 수 있지만, 분명한 것은 다윈의 업적을 바탕으로 신의 불가침 영역을 벗어나 심리학자들은 인간의 모든 요소는 환경에 적응하는 것으로 생각하기 시작했다는 것에는 이견이 없다.

다윈, 1809~1882

2

듀이 John Dewey, 1859~1952

듀이, 1859~1952

교육을 이야기할 때 항상 등장하는 사람이 있다. 존 듀이라는 사람이다. 존 듀이는 미국 교육학뿐만 아니라 20세기 교육학에 가장 큰 영향을 준 학자라고 할 수 있다. 듀이는 1884년에 존스홉킨스대학교에서 박사학위를 받았으며, 다윈의 자연선택설과 자연주의적 접근을 믿고 있었다. 무엇보다 생명을 가진 모든 존재는 환경과 상호작용하며 상황에 맞게 적응한다고 믿는 학자였다. 이름도 어려운 '탐구이론(theory of inquiry)' 을 통해 종(species)이 어떻게 각자의 환경 속에서 적응하는지 설명하였으며, 인문철학과 자연과학 사이에 균형을 이룬 학교를 설계

했다. 또한 그는 일상생활 속에서의 경험을 교육과정에 접목시켜야 한다고 강조하기도 했다. 이것이 실용주의적 교육학의 핵심이다. 실용주의는 미국에서 발전하고 체계화된 철학인데, 정치 · 경제 · 교육 · 문화에 걸쳐 미국의 전반적인 것이 실용주의 속에서 설명될 수 있다. 실용주의 철학에 바탕을 둔 교육학은 실생활에 유용한 지식과 경험이 가치 있는 교육이라고 강조한다.

실용주의 교육학의 아버지 듀이는 시카고대학교와 컬럼비아대학교에서 교수로 재직했다. 미국 교육에 끼친 영향이 지대했던지 듀이 기념우표까지 나왔다.

3

파블로프 Ivan Pavlov, 1849~1936

파블로프, 1849~1936

파블로프의 개 실험에 대해 한 번쯤은 들어 봤을 것이다. 저자는 고등학교 과학시간에 조건화 반응이라며 파블로프의 이름을 외웠었는데, 사실 대학원에 올라와서야 '고전적 조건화(classical conditioning)' 와 '조건화(conditioning)' 의 진짜 의미를 알았다. 쉽게 풀어서 말하면 특정한 '조건' 에서 지속적인 학습을 통해 행동을 배우면, 같은 환경에서 그 조건화된 행동이 나온다는 것이다.

예를 들어 보자. 아침을 못 먹었다. 점심도 못 먹었다. 배는 너무 고픈데, 저기 건너편에 빨간색 중국집 간판이 보인다. 먹고 싶고, 침이 입에 고인

그림 2.1 파블로프의 개 실험

다. 어릴 때부터 중국집 간판이 있는 곳에 가면 맛있는 자장면을 먹은 경험을 통해 간판이 조건화된 것이다.

종을 칠 때마다 밥을 주고, 나중에는 종소리만 들어도 침을 흘렸다는 개가 불쌍하기도 한 실험.[3] 하지만 그 실험을 통해서 조건반응(conditioned response)에 대한 심리학적 설명이 가능하게 되었고, 이 러시아 과학자는 가장 유명한 학자 반열에 올라서게 된다. 파블로프는 침분비(salivary secretions) 현상이 원래의 기능뿐만 아니라, 경험을 통해서 학습될 수 있다는 것을 증명했다. 그의 연구는 『소화분비행동』[4]이라는 책에 소개되어 러시아인으로는 처음 노벨상을 받게 되었다. 눈으로 확인하기 힘든 '마음이론(mind theory)' 보다는 객관적이고 눈으로 직접 관찰할 수 있는 행동에 관한 파블로프의 연구는 방법론적 행동주의(methodological behaviorism)의 아버지, 왓슨(John Broadus Watson, 1878~1956)에게 큰 영향을 미치게 된다.[5] 이름도 어려운 방법론적 행동주의는 잠시 잊어도 된다. 하지만 중국집 간판, '조건화' 이것만은 알아두자.

4

손다이크 Edward Lee Thorndike, 1874~1949

손다이크, 1874~1949

손다이크 역시 유명한 행동주의 심리학자이다. 왓슨과 함께 손다이크는 방법론적 행동주의자로 분류된다. 손다이크는 컬럼비아대학교에서 교수로 있으며 미국 행동주의의 근간을 마련하였고, 동물을 이용한 학습에 관한 연구결과를 교실에서 이루어지는 학습에 적용할 수 있다고 믿었다. 그는 동물을 이용하여 심리실험을 한 첫 심리학자로 평가되고 있으며, 그의 연구논문은 『동물지능(Animal Intelligence)』에 소개되었다. 손다이크는 고양이가 도망치고 싶게 만드는 특정한 환경을 조성하여, 고양이의 행동을 관찰하였다. 이 실험에서 행동에 대한 후속결과의 경험으로 행동의 발생빈도를 높일 수도 낮출 수도 있다는 것을 증명했다. 이것을 바로 효과의 법칙(law of effect)이라고 하는데, 이전까지의 행동과학이론에서는 자극에 따른 반응에 관한 연구가 주를 이루었다. 하지만 손다이크가 정립한 효과의 법칙에 따르면, 자극에 대한 행동에 따른 후속결과에 따라 그 행동의 빈도와 지속기간이 변할 수 있다. 즉, 사람의 행동 변화도 그에 따르는 보상을 얻기 위해서 혹은 고통과 같은 벌을 피하기 위해서 발생한다는 것이다. 쉽게 말해서 엄마의 칭찬을 더 많이 듣기 위해 더 좋은 행동을 많이 하고, 혼나는 것을 피하기 위해 좋지 않은 행동을 덜 한다는 행동원리이다. 이와 같은 손다이크의 효과의 법칙에 관한 이론은 후에 스키너의 행동과학 연구에 큰 영향을 주게 된다.

5

스키너 Burrhus F. Skinner, 1904~1990

스키너, 1904~1990

아하! 드디어 스키너가 출연했다. 개인적으로 스키너가 심리학과 교육학에 미친 영향은 뉴턴이 만유인력을 발견한 것과 같다고 생각한다. 스키너의 연구를 바탕으로 급진적 행동주의(radical behaviorism)가 발달하게 된다. 그리고 응용행동분석이라는 학문도 이때부터 본격적으로 발전하기 시작한다. 스키너는 앞에서 언급한 왓슨, 손다이크, 파블로프와 같은 행동주의 선구자에게서 지대한 영향을 받았다. 사실 스키너는 처음에는 생물학자였다. 실험용 쥐와 비둘기를 이용한 행동연구에 몰두했다.

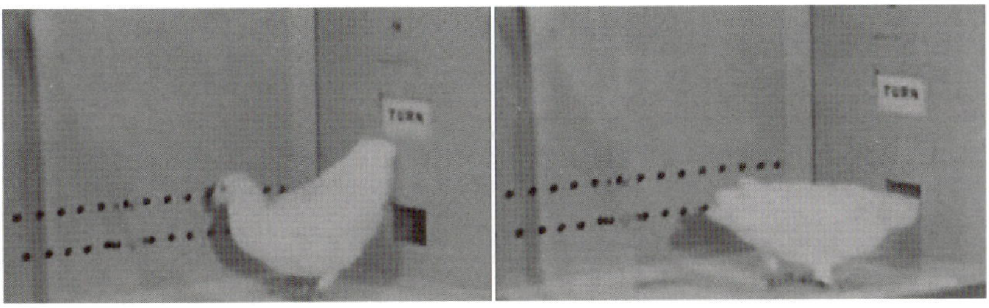

그림 2.2 비둘기가 '돌아(turn)' 라고 적힌 디스크를 보고 한 바퀴 돌았다. 그러자 작은 구멍으로 모이가 떨어진다.

이때 사용된 것이 스키너 상자(Skinner' s box)라고 하는데, 스키너는 조작상자(operant chamber)라고 불렀다고 한다.

스키너는 싫어할 수 있지만, '스키너 상자' 가 부르기 더 쉬우니 앞으로 스키너 상자로 부르자. 사진을 설명하자면, 배고픈 비둘기가 상자 안에 있다. '돌아(turn)' 라고 적힌 디스크와 '쪼아(peck)' 라는 디스크를 번갈아 가며 보여 준다. '돌아' 라고 적힌 디스크를 보여 줬을 때 비둘기가 한 바퀴 돌면, 모이가 한 알 나온다. 비둘기가 모이를 먹는다. '쪼아' 라는 디스크를 보여 줬을 때 비둘기가 그 디스크를 쪼면, 모이가 한 알 나온다. 비둘기가 모이를 먹는다. 누가 새 머리가 나쁘다고 했는가. 우리가 생각하는 것보다 훨씬 똑똑하다.

실험용 쥐 역시 그 상자 안에 들어가면 동일한 행동 변화를 보인다. 이러

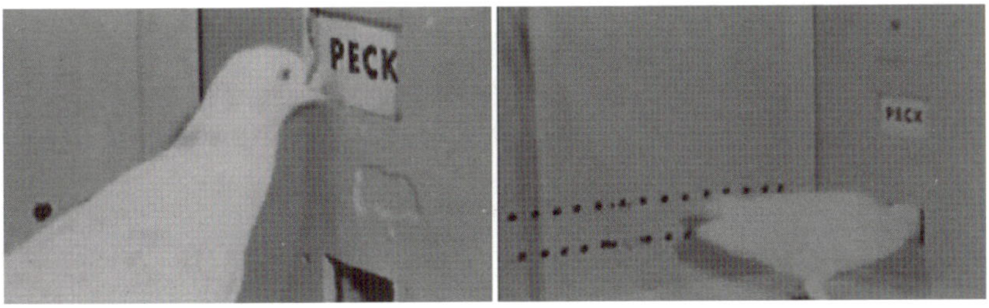

그림 2.3 비둘기가 '쪼아(peck)' 라고 적힌 디스크를 쪼고, 모이를 먹고 있다.

한 변화를 "행동이 형성(shaping)된다."라고 한다. 파란색 디스크를 누르더라도 모이가 나오지 않는 상황으로 만들면, 그 파란색 디스크를 누르는 행동은 점점 줄어들게 되고, 결국 없어진다. 이러한 변화를 "소거(extinction)된다."라고 한다. 이러한 실험을 통해서 스키너는 『유기체의 행동』[6]이라는 책을 출판한다. 파블로프의 고전적 조건화와 다른 조작적 조건화(operant conditioning)의 개념을 만드는 역사적 순간이다. 이러한 내용이 새롭지는 않을 것이다. 결국에는 우리가 한 번쯤은 들어본 이야기이다. 단지, 행동 형성, 소거 등의 학문적 용어를 사용하여 설명하면 어렵게 들릴 수도 있지만, "칭찬은 고래를 춤추게 한다."라는 말이 형성과 조작적 조건화와 일맥상통한다고 생각한다면, 쉽다.

이후에 스키너는 이런 상자를 이용해서 강화계획에 관해 정적 강화(positive reinforcement), 부적 강화(negative reinforcement), 고정비율강화(fixed ratio reinforcement), 변동비율강화(variable ratio reinforcement), 고정간격강화(fixed interval reinforcement), 변동간격강화(variable interval reinforcement) 등 여러 연구를 진행하였다. 이 연구를 바탕으로 『과학과 인간행동』,[7] 『강화계획』[8]과 같은 책을 저술했다.

그림 2.4 스키너의 『언어행동』

1957년에 인간의 언어행동발달에 관해서 책을 출판하게 되는데, 이 책이 『언어행동』[9]이다. 사실 그 당시에 인지론 경향의 언어학자였던 촘스키와 스키너 사이에 인간의 언어발달에 관한 학문적 논쟁이 있었다.[10] 하지만 구조론적 언어학자들의 비판은 오히려 스키너의 언어행동이론에 대한 이해 부족에서 비롯되었다고 회자되고 있다.[11] 갑자기 많은 용어와 책이름이 즐비해졌다. 걱정하지 말자. 외울 필요도 없다. 일단 상식으로 여기까지만 알아두자. 언어행동에 관한 설명은 제4부에서 좀더 다룰 것이다.

6

켈러 Fred S. Keller, 1899~1996

켈러, 1899~1996

저자가 담임으로 있을 때였다. 한 학생이 참을 수 없을 정도로 문제행동을 보이는 경우가 많았다. 아무리 경력이 많은 교사라 할지라도, 인내심은 겨울 가뭄처럼 말라갈 때가 있다. 한국에서 초 · 중 · 고등학교를 마친 토종한국인이라 미국 아이를 가르칠 때도 한국 교사들처럼 스파르타식으로 가르친다. 하지만 아무리 열심히 가르쳐도 빨리 따라오지 못할 때 답답하기도 하다. 그럴 때마다 항상 마음속으로 켈러의 말을 말하고 또 말한다.

"나는 가장 중요한 한 가지를 배웠다. 학생은 언제나 옳다. 우리가 올바른 강화를 줄 때, 학생은 졸지도 않으며, 항상 배울 준비가 되어 있으며, 심지어 아프지도 않으며, 많은 것을 배운다. 그러나 우리가 적절한 강화를 제공하지 않을 때, 학교교육에 이렇게 말할 것이다. 굿바이!"

교육학을 조금이라도 공부한 사람들은 '켈러플랜', '개별화 수업체제' 혹은 '개별화 교육'이라고 들어 보았을 것이다. 이것이 바로 켈러라는 교육학자에게서 비롯된 것이다. 이 책에서는 개별화 수업 시스템(Personalized System of Instruction, PSI)으로 부르도록 하겠다. 실제로 이 교육 시스템은 브라질리아대학교(University of Brasilia)의 교육 시스템에 적용된 시스템이다. 간략하게 이야기하면, 큰 단원을 여러 개의 작은 단원으로 나누고 각자의 습득 속도에 맞추어 한 단원을 완전히 학습한 후에 다음 단원으로 넘어갈 수 있는 시스템이다. 하지만 이것이 일대일의 교사의 비율을 의미하는 것은 아니다. 개별화된 속도로 작은 단원을 진행한다는 의미이다. 자, 개별화 수업 시스템의 특징에 대해 알아보자.

1. 각 학생이 요구되는 특성과 능력에 맞추어 단원 진행 속도를 개별화한다.
2. 한 소단원을 완전히 완료한 후에 좀더 어려운 다음 단원으로 넘어갈 수 있다.
3. 강의식의 수업은 최소화하며, 동기부여의 도구로 이용한다.
4. 문자를 이용하여 학생과 교사 간의 소통이 지속적으로 이루어진다.

5. 필요한 경우 프록터(proctor)가 필수적인 개별 보충지도를 실시한다.
6. 보충지도를 통해 필요한 테스트를 지속적으로 실시하며, 바로 점수를 매기고, 그 즉시 피드백을 제공한다.

엄마 "이름을 한 번쯤은 들어 본 사람들이 행동주의자였다니. 행동분석은 우리의 삶 속에 있었네요."

닥터 최 "맞습니다. 이밖에도 현재 많은 학자들이 행동주의, 응용행동분석을 연구하고 발전시키고 있습니다."

엄마 "결국 가장 발전한 그리고 앞으로도 발전하는 교육법이라고 할 수 있겠네요?"

닥터 최 "빙고!"

앞에서 쉽게 역사적 배경에 있는 학자들에 대해서 알아보았다. 닥터 최에게 많은 것을 물어보았던 엄마는 전혀 몰랐던 응용행동분석에 대해 작은 그림을 얻기 시작했다. 한 번쯤 들어 봤던 사람들이 지금의 응용행동분석을 만들었다는 사실이 약간은 신기하다. 그리고 응용행동분석은 멀리 있지 않고 나의 삶 속에 있었다. 하지만 아직 궁금한 것이 많다. 내 아이를 위해 응용행동분석이라는 것을 조금이나마 적용하고 싶어졌다. 쇠뿔도 단김에 빼라고, 바로 응용행동분석을 이용한 교육법에 대해 알아보자.

닥터 최가 되기까지

이는 빠져도 나는 오늘도 묻다

담임으로서 첫날 나에게 '피' 라는 강렬한 인상을 안겨 준 인형 같은 아이. 이 아이와 같이 지낸 지 벌써 8개월. 하루가 다르게 크는 녀석을 보면 뿌듯하기만 하다.

부활절 방학이 지나고 한 뼘이나 큰 아이가 스쿨버스에서 내린다.

"으잉?"

앞니 2개가 빠져서 학교에 왔다.

웃을 때마다 입으로 바람이 숭숭 들어가지는 않는지 총각 선생님은 신기하기만 하다. 하지만 무엇보다 무서운 무기, 이가 없다. 그것도 2개씩이나.

점심시간에 놀이터에서 놀던 우리 반 아이가 갑자기 세상이 끝난 것처럼 울면서 교실로 들어온다.

"으잉?"

팔에 2개의 자리가 빈 이자국이 있다. 그날 난 학부모에게 엄청나게 혼났다. 교장실에도 불려 갔다.

순간 방심했다.

2개의 이는 빠져도 18개의 이가 있다는 것을 잊었다. 언제나 조심조심. 언제나 분석하자.

참고문헌

1) Keller, F. S. (1968). Good-bye teacher... *Journal of Applied Behavior Analysis, 5*, 79-89.
2) Darwin, C. (1859). *On the origin of species by means of natural selection.* London, UK. Oxford University.
3) Catania, A. C., & Laties, V. G. (1999). Pavlov and Skinner: Two lives in science (an introduction to B. F. Skinner' s "Some Responses to the Stimulus 'Pavlov' "). *Journal of the Experimental Analysis of Behavior, 72*, 455-461.
4) Pavlov, I. P. (1897). *The work of the digestive glands.* London, UK: Thompson.
5) Moore, J. (2001). On distinguishing methodological from radical behaviorism. *European Journal of Behavior Analysis, 2*, 221-244.
6) Skinner B. F. (1938). *The behavior of organisms: An experimental analysis.* New York: Appleton-Century-Crofts.
7) Skinner, B. F. (1953). *Science and human behavior.* New York: Macmillan.
8) Ferster, C. B., & Skinner, B. F. (1957). *Schedules of reinforcement.* New York: Appleton-Century-Crofts.
9) Skinner, B. F. (1957). *Verbal behavior.* Acton, MA: Copley Publishing Group.
10) Chomsky, N. (1959). A review of B.F. Skinner' s Verbal Behavior. *Language, 35*, 26-58.
11) Palmer, D. C. (2006). On Chomsky' s appraisal of Skinner' s verbal behavior: A half century of misunderstanding. *The Behavior Analyst, 29*(2), 253-267.

PART 3

데이터를 만들자

엄마 "아이의 변화를 눈으로 직접 보고 싶어요."

닥터 최 "방법이 있습니다."

자폐아를 둔 엄마들은 도대체 우리 아이는 발달하고 있는지에 대한 의문을 가진다. 담임교사와 치료사는 엄마를 안심시키려는 것인지 발달하고 있다고만 말하는데, 집에서는 언제나 똑같은 아이의 모습을 보기도 한다. 아이가 가끔이라도 보여 주지 않았던 발전된 행동을 보여 준다면 하루가 즐겁다. 엄마의 행복은 큰 것에서 시작하지 않는다. 아이의 작은 긍정적 변화에서 큰 행복을 찾는다.

그 행복을 우리가 직접 찾아보자. 행복을 찾기 위한 준비물이 몇 가지 필요하다. 펜, 자, 데이터 기록지, 빈 그래프. 네 가지 준비물로 가족의 '행복찾기'가 시작된다니. 참 쉽다. 저자가 부록으로 다양한 데이터 기록지와 빈 그래프를 첨부하였다. 가까운 문구점에 가서 복사해서 쓰자.

데이터를 기록하고 아이의 발달을 그래프로 눈으로 보는 것은 무엇보다 중요하다. 그 이유는 여러 가지가 있지만, 무엇보다 학습을 효과적으로 만들 수 있다.[1] 아이가 언제 목표행동 혹은 학습행동을 완전히 습득하였는지 알 수 있으며, 다음 단계로 즉각 넘어갈 수 있다. 학습을 시켜도 아이가 배우지 못하고 있다는 것을 즉각적으로 알고, 문제가 무엇인지 찾아내어 해결할 수 있다. 교사와 치료사와 상담할 때 데이터와 그래프를 보여 주고 아이의 목표행동과 수준을 서로 공유할 수 있다. 무엇보다, 아이가 발전하는 모습을 그래프에서 눈으로 확인하면 내 자신이 너무 기쁘다.

1
런유닛

제 1부에서 저자는 응용행동분석의 가장 큰 특징 중 하나를 행동측정라고 말했다. 행동을 측정하는 방법에는 다양한 방법이 있지만, 이 책에서는 행동의 빈도를 측정하는 방법을 소개하고자 한다.

자, 데이터를 모으려면 단위가 필요하다. 우리는 일반적으로 이용하는 런유닛(learn unit)이라는 단위를 쓰겠다. '학습하다' 라는 뜻의 '런(learn)' 과 '단위' 라는 뜻의 '유닛(unit)' 이다. 학습의 단위라는 쉬운 말이다. 런유닛은 기존의 응용행동분석에서 이용하는 변별학습단위(discrete trial)와는 논리적 · 구조적으로 많은 부분이 다르다.[2] 하지만 일단 그러한 학문적 배경은 접어두고 쉽게 이야기하면, 아빠 사진을 보여 줬을 때 아이가 "아빠"라고 말을 했고, 엄마는 칭찬을 해 줬다. 이것이 하나의 런유닛이다. 아이가 "새우깡 주세요."라고 이야기하자, 엄마는 새우깡을 줬다. 이것도 하나의 런유닛이다. 앞으로 런유닛을 이용하여 데이터를 측정할 것이다.

2

데이터 만들기, 이렇게 시작하자

우리 아이에 대해 누구보다 많은 시간을 보내는 사람은 교사도 치료사도 아닌 바로 엄마이다. 엄마는 아이가 집에 있는 대부분의 시간에 무슨 일을 저지르진 않을지 '관찰' 한다. 그래서 누구보다 아이에 대해서 너무나 잘 알고 있다. 무엇을 좋아하는지, 무엇을 싫어하는지, 어떤 행동이 부족한지 말이다. 이 '관찰' 시간을 좀더 과학적으로 이용해 보자. 주로 행동 측정은 〈그림 3.1〉과 같은 순서로 이루어진다.

먼저 아이의 행동을 관찰하고 어떠한 부분이 부족한지 파악해야 한다. 부족한 부분을 목표행동목록으로 만들어 각 목표행동에 대해 구체적으로 정의한다. 그리고 어느 정도 수준에 도달했을 때 목표행동이 습득되었는지 결정할 수 있도록 학습목표를 정한다. 각 목표행동 속에 포함되는 행동들을 구체적으로 나열하고 중요도에 따라 먼저 학습시킬 행동을 정한다.

그 행동을 교육하고 그 속에서 기록된 데이터를 가지고 그래프를 그리고, 더 많은 목표행동을 학습시킨다. 많은 행동교육의 기본 순서는 이와 같다.

이제 구체적인 내용을 알아보자.

그림 3.1 데이터 만들기 순서

3
관찰을 통해 목표행동목록 만들기

엄마 "학습시키고 싶은 행동이 너무 많아요."
닥터 최 "목록을 만들어 봅시다."

먼저 학습시키고자 하는 행동을 평소 관찰을 통해 목록으로 만들어 보자. 그리고 목표행동을 자신의 머릿속에 정리해 보자. 목표행동은 아주 구체적이어야 한다. 이 닦기, 세수하기, 방과 후 책가방 제자리에 두기, 배변 등으로 끝날 것이 아니다.

칫솔에 치약을 짜서, 이를 3분 이상 닦고 물로 입을 헹군다.
손과 얼굴에 물을 적시고, 비누를 적당히 묻힌 후, 얼굴을 2분 이상 씻는다. 그리고 물로 헹군다.

새우깡을 보여 줬을 때 "새우깡 주세요."라고 5초 안에 말한다.
아빠의 사진을 보여 줬을 때 "아빠"라고 5초 안에 말한다.

이런 식으로 구체적이면 구체적일수록 나중에 측정하기도 쉬워진다. 각 행동의 예를 함께 정리하면 좋다. 수첩에 적어 두는 엄마가 있다면, 그 엄마는 센스 만점!

표 3.1 목표행동 정의와 예

목록	정의	예
칫솔질	칫솔에 치약을 짜서 입에 넣고 3분간 이를 닦고 물로 입을 헹군다. 그리고 물을 잠근다.	
세수	물을 틀고, 손과 얼굴에 물을 적시고, 비누를 적당히 손에 묻힌 후, 얼굴을 2분 정도 문지른 후 물로 헹군다. 그리고 물을 잠근다.	
방과 후	집에 들어와, 신발을 벗고, 책가방을 책상에 둔다. 그리고 식탁의 자리에 앉는다.	
요구하기	아이가 가지고 싶어 하거나 먹고 싶은 물건 · 음식을 보여 줬을 때, "(물건 · 음식 이름)"라고 5초 이내에 말한다.	우유, 인형, TV, 새우깡 등
사진 이름 말하기	아이에게 사진을 보여 줬을 때, "(사진이름)"라고 5초 이내에 말한다.	나무, 고양이, 강아지, 아빠, 자동차 등
기본적인 지시 따르기	아이에게 "(지시 내용)"라고 말했을 때, 그 지시를 따른다.	"앉아", "돌아", "손뼉 치자!" 등
사진 짝 맞추기	3장의 서로 다른 사진을 책상에 두고, 한 장의 같은 사진을 주며 "짝을 맞춰 봐."라고 말했을 때, 같은 사진을 5초 이내에 서로 맞춘다.	나무, 강아지, 나비, 꽃 등
글자 읽기	'가', '나', '다', '라'라고 적힌 카드를 보여 줬을 때, 5초 이내에 소리 내어 읽는다.	가, 나, 다, 라, 마…
단어 읽기	(기본 단어)가 적힌 카드를 보여 줬을 때, 5초 이내에 소리 내어 읽는다.	주로 사용하는 50개 단어
시간 말하기	시계를 보여 주고, "지금 몇 시야?"라고 물었을 때, 시간을 5초 이내에 읽는다.	1시간 단위, 30분 단위

자, 이제 이렇게 목표행동을 만들어 보았다. 엄마 · 아이에 따라 더 많은 정보를 넣어도 상관없다는 것을 잊지 말자. 다양한 예를 넣어도 되고, 집에서 원하는 방향대로 목표행동을 더욱 자세하게 정의할 수 있다.

4
학습목표 정하기

엄마 "목표행동목록을 만들었는데, 이걸 1년이고 2년이고 가르쳐야 하나요?"

닥터 최 "학습목표를 정해서 목표가 달성되면 다른 목표행동으로 넘어갑시다."

목록을 만들었다면, 우리 아이는 목록에 있는 행동을 집중적으로 학습해 나갈 것이다. 자, 이 목록에 있는 목표행동의 학습목표를 정해 보자. 다음과 같이 정하는 것이 일반적이다. 20번 중에 18번 성공, 20번 중에 16번 성공, 10번 중에 8번 성공, 5번 중에 4번 성공. 각 목표행동의 측정을 통해서 우리 아이가 목표행동을 완전히 습득하였는지 알 수 있을 것이다.

표 3.2 학습목표의 예

목록	학습목표
칫솔질	4/5(5개의 런유닛 중 4번의 정반응)
세수	9/10(10개의 런유닛 중 9번의 정반응)
방과 후	4/5(5개의 런유닛 중 4번의 정반응)
요구하기	2개 연속하는 세션에 걸쳐 18/20
사진 이름 말하기	2개 연속하는 세션에 걸쳐 18/20
기본적인 지시 따르기	2개 연속하는 세션에 걸쳐 18/20
사진 짝 맞추기	2개 연속하는 세션에 걸쳐 18/20
글자 읽기	2개 연속하는 세션에 걸쳐 18/20
단어 읽기	2개 연속하는 세션에 걸쳐 18/20
시간 말하기	2개 연속하는 세션에 걸쳐 18/20

위의 학습목표는 아이의 반응 속도, 반응 수준에 따라 다양하게 정할 수 있다. 예를 들어, 아이가 2개 연속하는 세션에 걸쳐 20개의 런유닛 중 18번의 정반응을 보일 필요가 없을 수 있다. 아이가 하나의 세션에서만 18번 이상의 정반응을 보이는 것이 학습목표를 완수하였다고 판단하기 충분하다고 생각한다면, 한 세션의 20개의 런유닛 중 18번의 정반응으로 학습목표를 수정해도 된다. 혹은 한 세션에서 아이가 모든 20개의 런유닛에 정반응을 보인다면 하나의 세션만으로 학습목표를 완수하였다고 할 수 있다.

5 집중적으로 학습할 행동 정하기

목록에 20개의 목표행동이 적혀 있다고 하자. 20개의 행동을 동시에 집중적으로 가르치기는 다른 가사일에 바쁜 엄마들에겐 시간이 부족하여 힘들다. 그래서 가장 먼저 가르치고 싶은 목표행동 몇 가지를 꼽아 보자. 아이가 화장실을 가리지 못하는 것이 가장 큰 문제점이라면 '용변훈련' 에 집중해야 할 것이고, 아이의 언어발달이 가장 큰 걱정이라면 한정된 시간을 여기에 집중하자. 일반적으로 응용행동분석을 이용한 학교에서는 수많은 목표행동을 동시에 측정하지만, 가정에서는 상황에 따라 2개나 3개 정도의 행동에 집중하면 좋을 것이다.

6

데이터 기록하기

3개 정도의 목표행동이 정해졌다고 하자. 3개의 다른 행동을 각각 분리된 데이터 기록지에 기록할 것이다. 여기서 우리는 한 세션마다 몇 번 시도할 것인지를 정해야 한다. 하루에 한 세션을 가질 수도 있고, 두 세션을 마칠 수도 있다. 목표행동의 종류 · 형태에 따라 한 세션이 가지는 시도 횟수가 다양화될 수 있다. 물건을 보여 주고, 그 물건의 이름을 말하게 하는 행동은 20번의 시도가 한 세션으로 적당하다. 좋아하는 음식이나 물건을 보여 주고 아이가 그 물건의 이름을 말하면서 달라고 하는 행동을 측정할 때 역시 20번 정도의 시도가 한 세션으로 적당하다. 프린트한 한 문장을 보여 주고 정확하게 읽는 연습을 할 때는 10번의 시도가 한 세션으로 적당하다. 용변훈련을 할 때는 아이가 화장실을 10번이나 가지는 않으니 하루에 화장실을 가는 횟수와 바지에 '실수' 를 하는 횟수를 가지고 측정할

표 3.3 목표행동별 한 세션 런유닛의 시도 횟수

목록	세션별 런유닛
칫솔질	과제분석의 정도에 따라 다양함 칫솔질의 단계를 나누어 총 단계가 한 세션을 이룸(예 : 5 · 6 · 7개 런유닛)
세수	과제분석의 정도에 따라 다양함 세수의 단계를 나누어 총 단계가 한 세션을 이룸(예 : 5 · 6 · 7개 런유닛)
방과 후	과제분석의 정도에 따라 다양함 방과 후 아이가 해야 하는 행동의 단계를 나누어 총 단계가 한 세션을 이룸 (예 : 5 · 6 · 7개 런유닛)
요구하기(맨드)	20 런유닛
사진 이름 말하기(택트)	20 런유닛
기본적인 지시 따르기	20 런유닛
사진 짝 맞추기	20 런유닛
글자 읽기	20 런유닛
단어 읽기	단어(20 런유닛), 문장(10 런유닛)
시간 말하기	20 런유닛 혹은 상황에 따라 10 런유닛

것이다. 목표행동별로 한 세션이 가지는 가능한 총 시도 횟수를 〈표 3.3〉에 예시하였다. 상황에 따라 세션당 총 시도 횟수를 바꿀 수는 있지만, 한 번 정했을 때는 동일한 목표행동에는 동일한 총 시도 횟수가 한 세션이 되어야 한다.

이제 데이터를 기록하자. 첨부된 데이터 기록지를 이용하자. 여기에 원하는 음식이 있으면 물어보지도 않고 무작정 먹어버리는 자폐아가 있다. 아이가 먹고 싶어 하는 것을 언제든지 어디서라도 먹게 두고 싶지만, 아이의 언어발달을 위해서는 이 상황을 효율적으로 이용할 것이다. 아이의 언어발달을 장기적으로 원한다면 때로는 엄격한 엄마가 되자.

자, 이제부터 앞에서 말한 런유닛을 이용한다. 아이가 좋아하는 '새우깡'과 '고래밥'이 있다. 새우깡 한 개를 아이에게 보여 주자. 아이가 "새우깡" 혹은 "새우깡 주세요."라고 이야기하면, 데이터 기록지에 플러스(+)를 기록하자. 고래밥 한 개를 아이에게 보여 주자. 아이가 "고래밥" 또는 "고래밥 주세요."라고 말하면, 고래밥을 주자. 그리고 기록지에 플러스(+)를 기록하자. 하지만 너무 많이 주지는 말자. 많이 말하면 그때 많이 주면 된다.

고래밥을 보여 줘도 아이가 묵묵부답이다. 지금 고래밥을 먹고 싶어 하는데도 말이다. 그러면 고래밥을 다시 보여 주며, 엄마가 "고래밥"이라고 시범을 보여 주자. 아이가 엄마의 시범을 따라서 "고래밥"이라고 말하면 한 번의 시도는 끝나고, 마이너스(−)라고 기록하자. 엄마가 시범을 보여 줘도 아이가 묵묵부답이다. 한두 번 더 시범을 보여 주고, 그래도 아이가 따라하지 않으면, 일단 한 번의 시도는 끝나고 마이너스(−)라고 기록하자.

"고래밥"이라고 말하는 반응과 "새우깡"이라고 말하는 반응을 기록할 때에는 서로 다른 세로줄을 따라 기록하자.

엄마 "아이가 한 세션을 금방 끝내요. 하루에 한 번 이상 세션을 진행할 수 있나요?"

닥터 최 "예. 하지만 집에 있는 시간에 걸쳐 간헐적으로 여러 가지 런유닛 세션을 진행해야 합니다."

엄마 "4개의 고래밥 런유닛을 진행하고, 3개의 새우깡 런유닛을 진행하고, 잠시 뒤에 또 몇 개의 런유닛을 진행하라는 말인가요?"

닥터 최 "정확합니다. 또한 고래밥과 새우깡을 목표행동으로 설정했다면, 원할 때 반드시 런유닛을 실시하는 것도 중요합니다."

엄마 "그러면 아이가 고래밥과 새우깡을 원할 때는 언제든지 런유닛을 실시할 수 있겠군요."

닥터 최 "빙고!"

표 3.4 데이터 기록지

목표행동 : ______________________________

런유닛	세션 1	세션 2	세션 3	세션 4	세션 5
1					
2					
3					
4					
5					
6					
7					
8					
9					
10					
11					
12					
13					
14					
15					
16					
17					
18					
19					
20					
총 횟수 (정반응/ 총 런유닛 횟수)					
날짜					

표 3.5 데이터 기록지 예

목표행동 : 새우깡, 새우깡 주세요.

런유닛	세션 1	세션 2	세션 3	세션 4	세션 5
1	+	−	+	+	+
2	−	+	+	+	+
3	−	−	+	+	+
4	+	+	+	+	+
5	−	+	−	−	−
6	+	+	−	+	+
7	+	−	+	+	+
8	+	−	−	+	+
9	−	+	+	+	+
10	−	+	+	+	+
11	+	−	−	+	+
12	−	+	+	−	+
13	+	−	−	+	+
14	−	−	+	+	+
15	+	+	+	+	+
16	+	−	+	+	+
17	−	+	−	+	+
18	+	−	+	+	+
19	+	+	+	+	+
20	−	−	+	+	+
총 횟수 (정반응/ 총 런유닛 횟수)	11/20	10/20	14/20	18/20	20/20 (목표 완수)
날짜	3/4	3/5	3/6	3/7	3/8

표 3.6 데이터 기록지 예

목표행동 : 고래밥, 고래밥 주세요.

런유닛	세션 1	세션 2	세션 3	세션 4	세션 5
1	−	+	+	+	
2	−	−	+	+	
3	+	+	+	−	
4	+	+	+	+	
5	+	−	+	−	
6	+	+	+	+	
7	−	+	+	+	
8	−	+	+	+	
9	+	+	+	+	
10	+	−	+	+	
11	−	+	+	+	
12	+	+	+	+	
13	+	−	+	+	
14	+	+	+	+	
15	−	+	+	+	
16	+	−	+	+	
17	+	+	−	+	
18	−	−	+	+	
19	+	+	+	+	
20	−	−	+	+	
총 횟수 (정반응/ 총 런유닛 횟수)	12/20	13/20	19/20	18/20 (목표 완수)	
날짜	3/4	3/5	3/6	3/7	

목표행동별 기록법과 그래프 그리는 법은 차차 자세히 설명하기로 할 것이니 너무 걱정 말자. 이것만 기억하자. 목표행동을 보이면, 플러스(+). 목표행동을 보이지 않으면, 마이너스(−). 한 세션은 주로 20개의 런유닛.

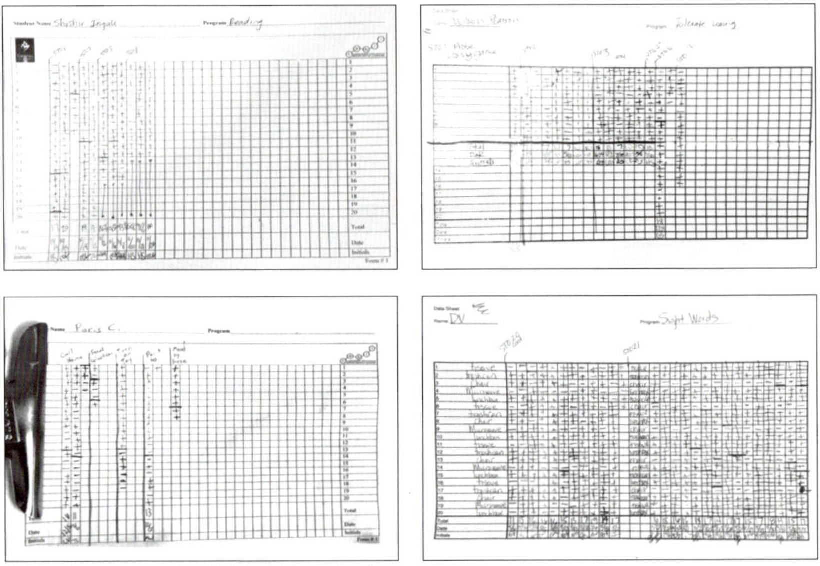

그림 3.2 데이터 기록지의 다양한 사용 예

7 그래프 그리기

데이터가 어느 정도 모였다. 플러스(+)와 마이너스(−)만 가지고는 아이가 목표행동을 완전히 습득했는지 알 수가 없다. 그래서 보기에도 쉬운 그래프를 그려 보자. 앞에서 한 세션을 마치기 위한 총 시도 횟수를 정하였다. 그 총 시도 횟수에 맞는 빈 그래프를 책에서 복사해서 쓰자. 앞서 새우깡과 고래밥을 예로 들어 설명하였다. 그러면 2장의 그래프가 필요하다. "새우깡"이라고 말하는 행동 측정을 위한 그래프 하나, "고래밥"이라고 말하는 행동 측정을 위한 그래프 하나이다. 주로 이런 작은 행동을 측정할 때는 일반적으로 20개의 런유닛이 한 세션이 된다. 따라서 20개의 런유닛을 한 개의 세션으로 가진 그래프를 이용하자.

앞에서 "새우깡"과 "고래밥"이라고 말하는 행동을 따로따로 기록했다. 각 행동을 20번 기록했을 때 플러스(+) 개수만 세어 보자. 앞에서 말한 아이는 첫 번째 세션에서 20개의 런유닛 중 11번 “새우깡”이라고 말하고, 맛있게 새우깡을 먹었다. 그 데이터를 그래프에 옮긴다. 먼저, 몇 번째 세션인지 x축에서 찾는다. 첫 번째 세션이다. 그리고 y축을 따라 올라가다 11과 교차하는 지점에 진한 점을 찍는다.

‘고래밥’ 역시 다른 그래프에 같은 방법으로 그린다. 첫 번째 세션 20개의 런유닛 중에서 12번 “고래밥”이라고 말했다. 그래서 데이터 기록지에는 12개의 플러스(+)가 있다. x축에서 몇 번째 세션인지 찾고, y축을 따라 올라가 12와 교차하는 지점에 점을 찍는다.

엄마 “그래프 그리는 방법이 초등학교 때 배운 것과 같네요.”
닥터 최 “그럼요! 전혀 어렵지 않습니다.”

여기서 한 가지 중요한 점은 데이터는 모였을 때마다 그래프에 옮겨야 한다는 것이다. 나중에 그래프로 옮겨야지 하는 생각에 그래프를 그리지 않고 그냥 두면 아이가 학습 목표를 완수하는 때와 그때그때 아이의 학습 습득문제를 파악하지 못하게 되어 오히려 시간을 낭비하는 수가 있다. 한 세션을 마칠 때마다 그래프 그리기를 잊지 말자.

목표행동

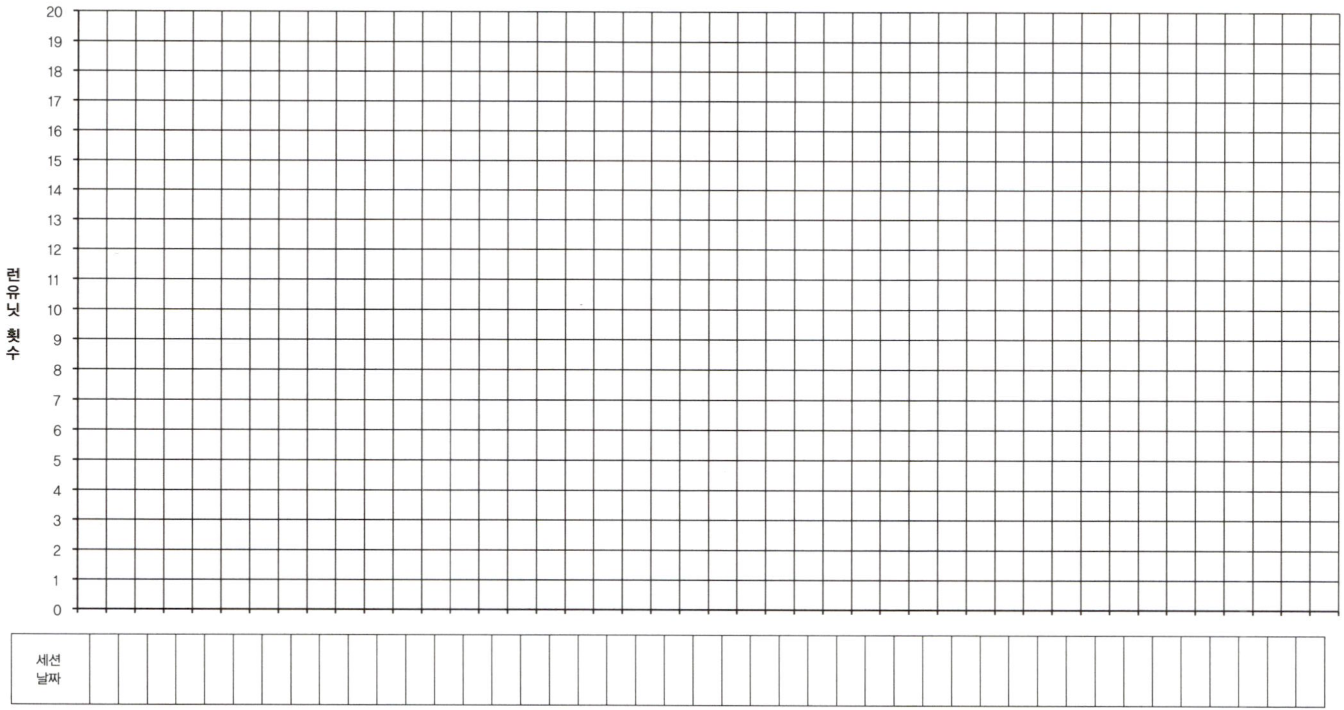

목표행동 : ____________________

20 런유닛 그래프

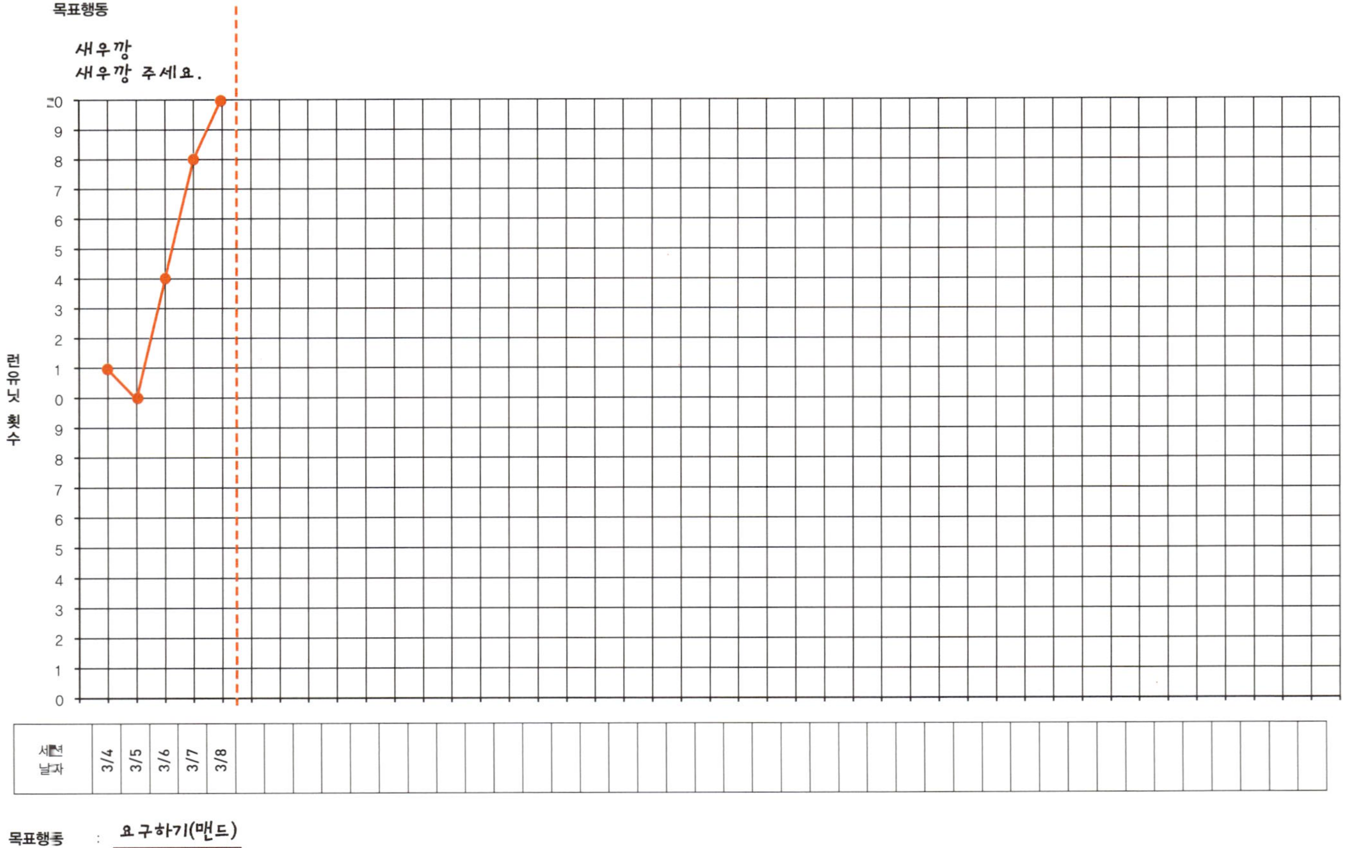
목표행동
새우깡
새우깡 주세요.
런유닛 횟수
세션 날짜
3/4
3/5
3/6
3/7
3/8
목표행동 : 요구하기(맨드)

목표행동

고래밥
고래밥 주세요.

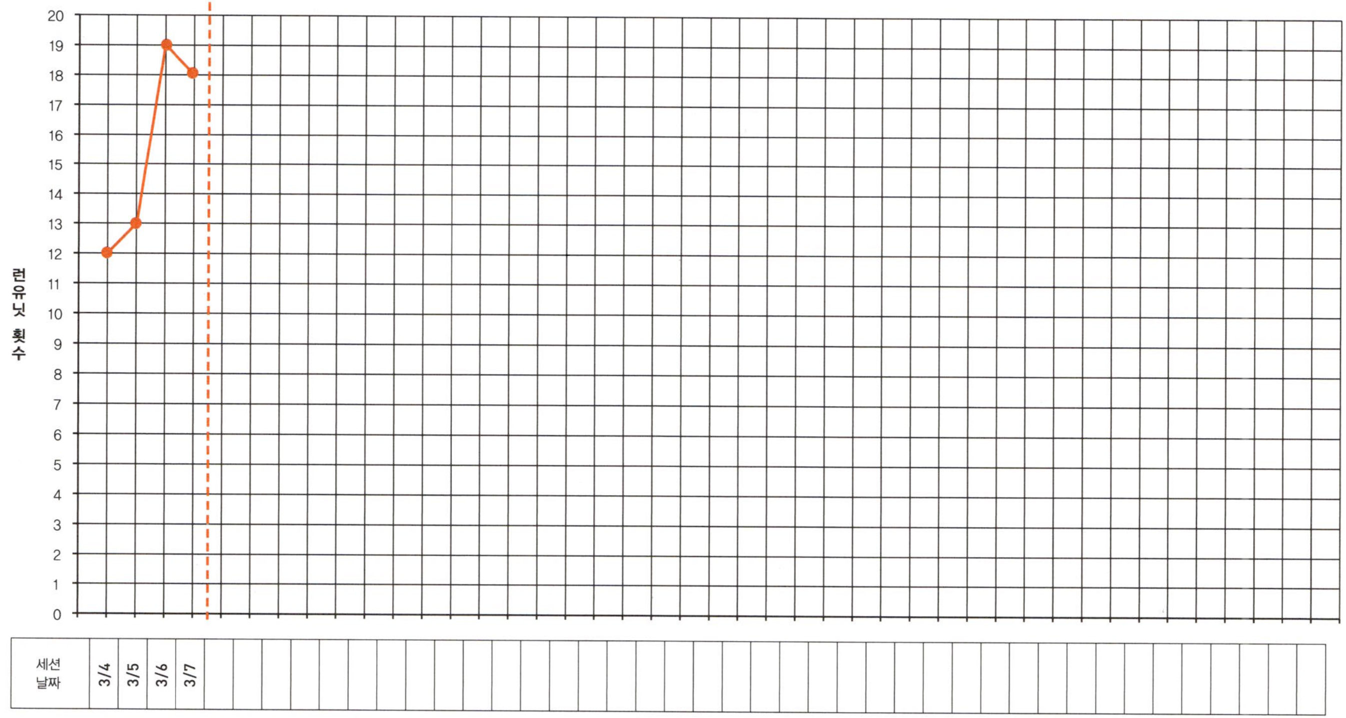

목표행동 : 요구하기(맨드)

이제 2개의 그래프에 점(데이터 포인트)이 하나씩 찍혔다. 똑같은 방법으로 엄마는 한 세션을 실시했다. 이번에는 아이가 "새우깡"이라고 8번 말했고, "고래밥"이라고 9번 말했다. 똑같은 방법으로 다음 세션에 맞추어 각각의 그래프에 점을 찍는다. 그리고 바로 전 세션의 점과 선으로 잇는다. 세션을 거듭할수록 선 그래프가 완성되는 것을 알 수 있다.

8

학습목표 완수!

앞에서 우리는 학습목표를 정했다. 일반적으로는 연속되는 두 세션에 걸쳐 90% 이상 (+)를 보여 주면 우리는 그 목표행동이 학습되었다고 할 수 있다. 20개 런유닛의 90%는 18번! 18번 이상 (+)를 보여 주면 된다. 자, 그러면 그래프에는 어떻게 표시해야 할까? 마지막 세션 바로 옆에 점선을 세로로 긋자.

9

더 많은 목표행동을 형성시켜 보자!

엄마 “새우깡과 고래밥은 완전히 학습했어요.”

닥터 최 “GOOD!”

엄마 “다른 목표행동도 가르치고 싶은데, 매번 새로운 그래프를 만들어야 하나요?”

닥터 최 “동일한 행동이라면 그 그래프를 계속 이용하면 됩니다.”

앞에서 우리는 학습목표를 정했다. 일반적으로 연속되는 두 세션에 걸쳐서 90% 이상 (+)을 보이면 학습목표가 완수되었다고 했다. 하지만 우리는 여기서 멈출 수 없다. “우유”도 가르치고 싶고, “우유 주세요.”도 가르치고 싶고, “뽀로로” 도 가르치고 싶고, “뽀로로 보고 싶어요.”도 가르치고 싶다. 많이 가르칠수록, 아이가 쓸 수 있는 단어도 많아진다. 매번, 새로운 그래프를 만들 필요는 없다. 점선 다음에 새로운 행동목표를 적으면 된다. 다음 행동목표는 "우유"라고 말하는 것이라고 가정한다면, '우유' 라고 적고 같은 방법으로 런유닛을 이용한다. 기록지에 모이는 데이터는 족족 그래프에 옮긴다. 하루, 이틀이 지나고, 일주일이 지나면 꽤 괜찮은 그래프가 완성된다.

컴퓨터를 이용할 필요도 없다. 쉽게 이 책에 있는 빈 그래프를 복사하여 그래프를 그리면 된다.

아이의 데이터를 모아서, 다음에 특수교육위원회 회의에 가더라도, 학교 교사에게 보여 줄 수도 있다. 이렇게 아이가 집에서도 하고 있다고 자신 있게 말할 수 있다. 자, 이제 우리 아이가 무엇인가를 배우고 있다는 것은 그래프를 통해 한눈으로 확인할 수 있다. 아이가 배우고 있다는 사실을 눈으로 확인하는 것만으로도 엄마에게는 큰 기쁨이 될 것이다.

엄마 "고래밥, 새우깡 두 단어만 가르치는 것이 아니라 여러 개의 요구하기 단어를 함께 가르치고 싶어요."

닥터 최 "아이의 언어 수준에 따라 가능합니다."

엄마 "여러 개의 그래프를 이용하면 되겠네요?"

닥터 최 "맞습니다. 5개의 단어를 한꺼번에 가르치고 싶으면, 5개의 그래프가 필요하겠죠."

엄마 "여러 개의 그래프를 어떻게 보관하나요?"

닥터 최 "시중에 파는 파일이나 바인더에 그래프를 보관하면 좋겠죠. 아이의 그래프를 거기에 넣어서 보관하는 겁니다."

앞으로 그래프는 1개에서 2개로, 2개에서 10개로 늘어날 수가 있다. 어떻게 모은 데이터인데, 잘 정리해야 한다. 문구점에서 파일 · 바인더를 하나 사고 그 속에 보관하자. 바인더는 항상 눈에 잘 보이는 곳에 보관하면,

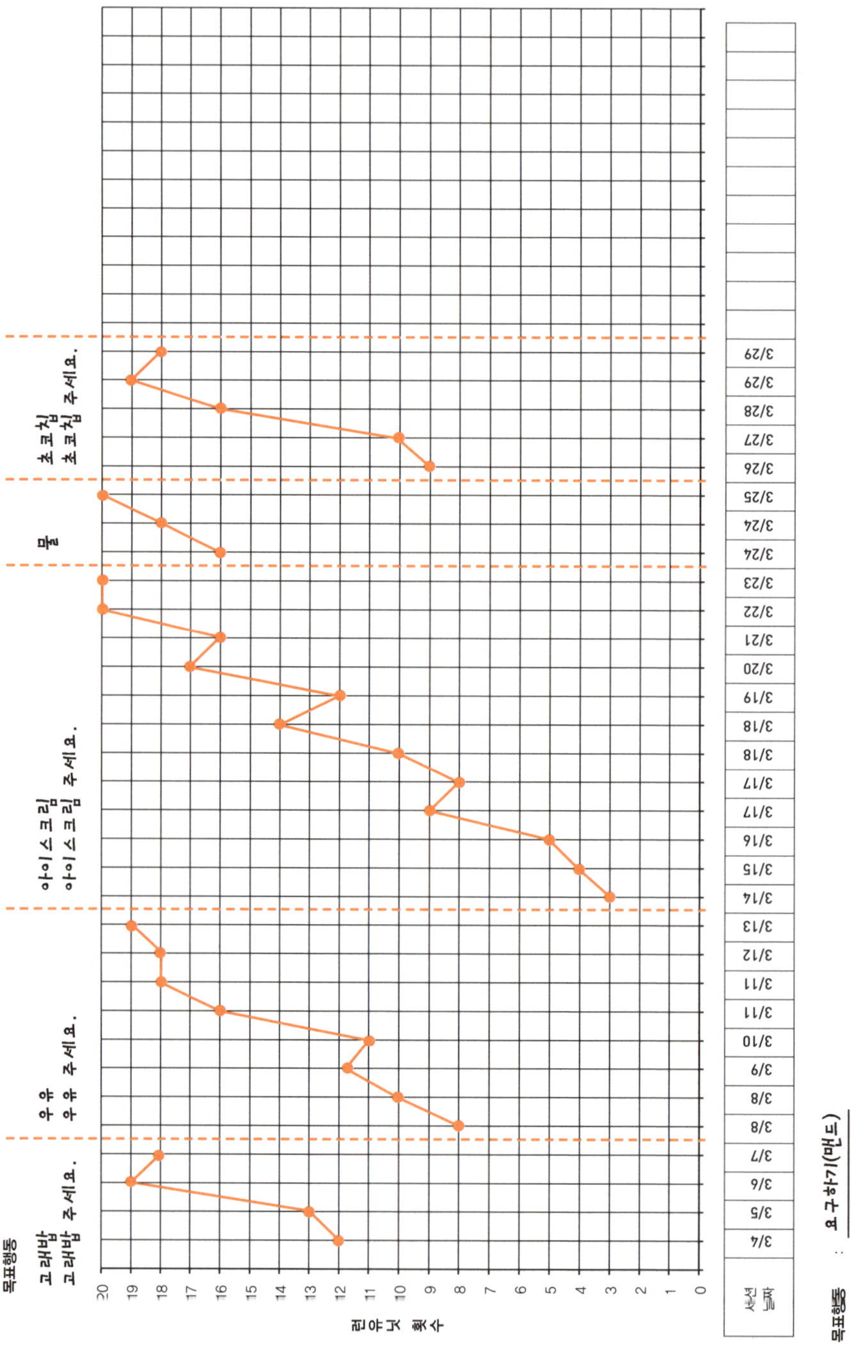
목표행동
고래밥 고래밥 주세요.
우유 우유 주세요.
아이스크림 아이스크림 주세요.
물
초코칩 초코칩 주세요.
목표행동 : 요구하기(맨드)

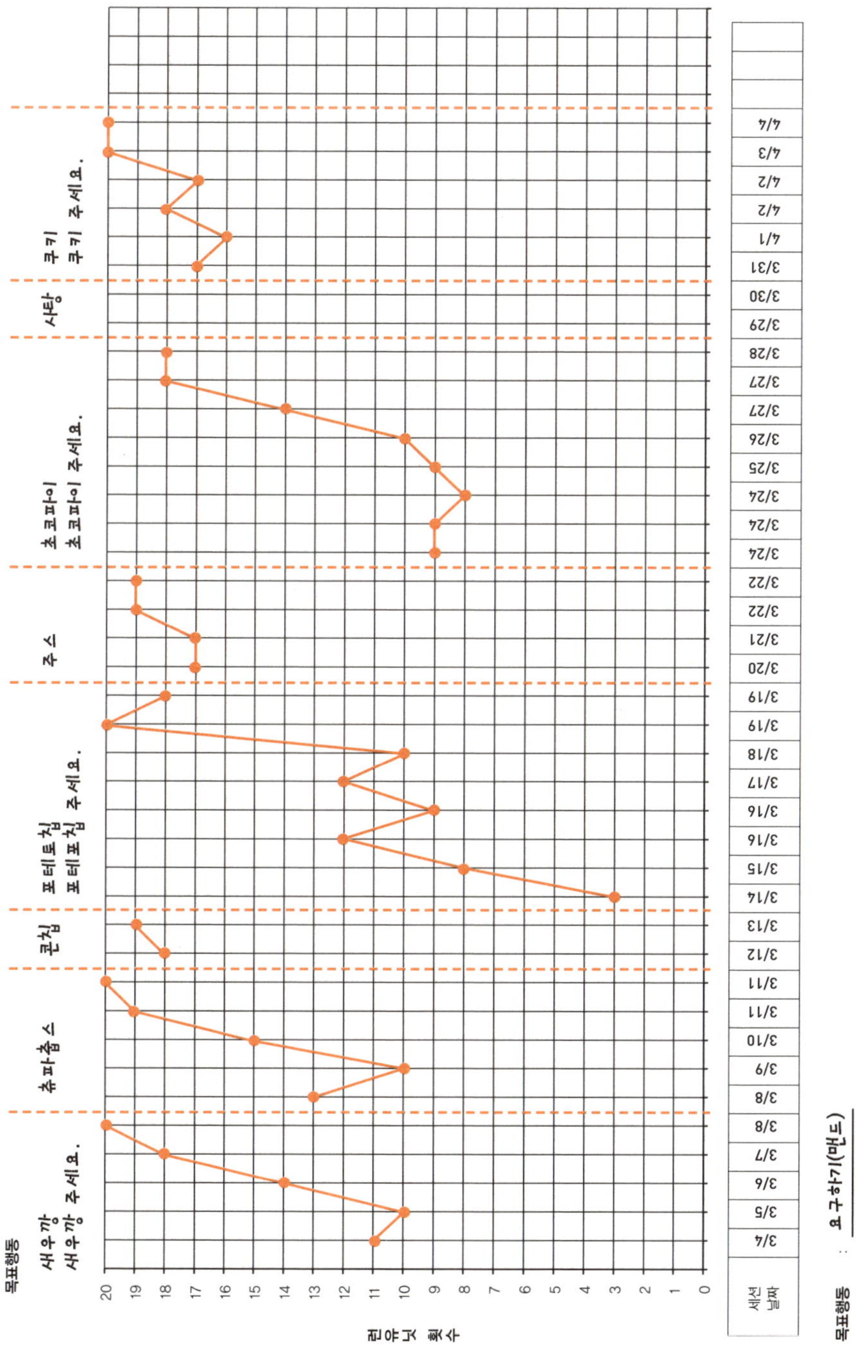
목표행동
새우깡
새우깡 주세요.
츄파춥스
콘칩
포테토칩
포테토칩 주세요.
주스
초코파이
초코파이 주세요.
사탕
쿠키
쿠키 주세요.
세션 날짜
3/4 3/5 3/6 3/7 3/8 3/8 3/9 3/10 3/11 3/11 3/12 3/13 3/14 3/15 3/16 3/16 3/17 3/18 3/19 3/19 3/20 3/21 3/22 3/22 3/24 3/24 3/24 3/25 3/26 3/27 3/27 3/28 3/29 3/30 3/31 4/1 4/2 4/2 4/3 4/4
목표행동 : 요구하기(맨드)

볼 때마다 더 많은 세션을 진행하고 싶어진다. 그 바인더 안에 데이터 기록지도 보관할 수 있고, 앞에서 만든 목표행동목록도 보관하면 좋다.

주로 저자는 파일, 바인더에 다음과 같은 것을 정리해 둔다.

파일 · 바인더에 정리할 수 있는 것

목표행동목록(정의, 예, 세션별 런유닛 개수)
현재 목표행동 데이터가 기록되는 그래프
현재 목표행동 데이터가 기록되는 기록지
여유분의 빈 그래프. 종류별로 충분히
여유분의 빈 데이터 기록지
강화물로 사용할 수 있는 아이가 좋아하는 것
(예 : 과자 목록, 장난감 목록, 만화 목록 등)

이제 우리는 데이터를 기록하고 그래프에 옮기는 기본적인 방법을 알게 되었다. 목표행동별로 크게 달라지지는 않지만, 상황에 맞게 직접 조금씩 바꾸어도 무방하다. 이렇게 모아진 데이터는 엄마에게는 눈으로 보이는 아이의 발달 지표가 되고, 우리 아이를 위해 소중하게 사용된다. 데이터를 보물처럼 다루자.

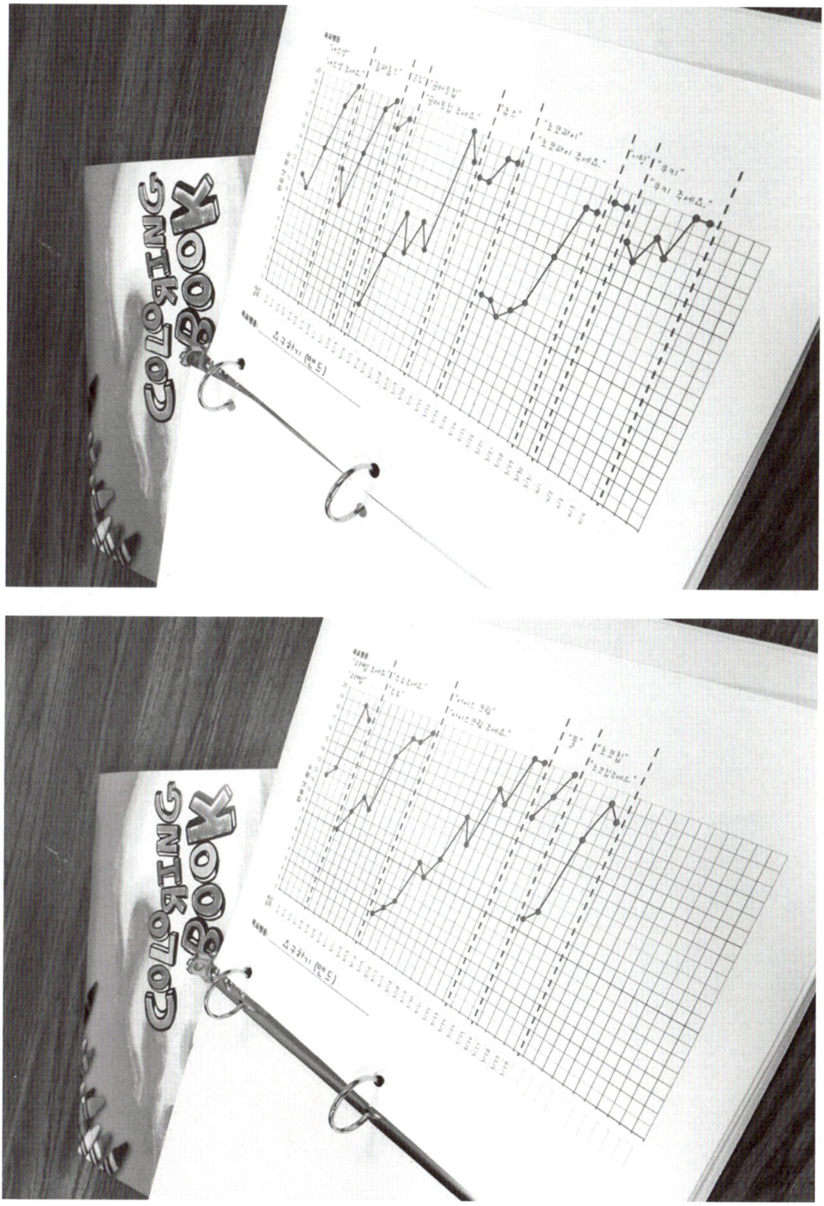

그림 3.3 바인더에 그래프와 데이터 기록지를 보관하면 좋다.

닥터 최가 되기까지

과자이름 외우기

세상에 유학나오는 비행기가 내 인생의 첫 비행기였다.

그리고 시차가 적응되자마자 켈러스쿨에 출근했다. 영어가 입에서 튀어 나올 리가 없다. 내 무릎까지 정도 되는 어린 발달장애 아이를 가르치는 데 과자와 사탕만큼 확실한 효과가 있는 보상이 없다.

그걸 알면 뭐해. 이름이 다 영어이다. 아이가 이게 먹고 싶다고 해도 알아들을 길이 없다. 퇴근 후 바로 수첩에 빽빽하게 적어 과자이름부터 외운다.

"스키들, 골드피쉬, 엠앤엠, 마이크 라이크, 치즈두들, 도리토스, 라이스크리스피…."

자신하건데 어떤 유학생보다 나는 과자이름을 많이 안다. 마트에 가면 과자 쇼핑만큼은 거침이 없다. 응용행동분석의 시작, 우리 아이가 좋아하는 과자이름부터 꼽아 보자.

참고문헌

1) Cooper, J. O., Heron, T. E., & Heward, W. L. (2007). *Applied behavior analysis* (2nd ed.). Upper Saddle River, NJ: Prentice Hall, Inc.

2) Albers, A. E., & Greer, R. D. (1991). Is the three-term contingency trial a predictor of effective instruction? *Journal of Behavioral Education*, *1*, 337-354.

PART 4

주다를 사랑해 –
언어발달 여섯 가지만 알아두자!

우리 반에 자폐를 가진 주다라는 아이가 있었다. 유아원(preschool) 나이인 만 3세 때부터 봐 오던 아이였다. 몇 년 뒤 내가 담임으로 있던 반에 주다가 다시 배정되었다. 벌써 만 6세가 넘었다. 처음 만났을 때 말이라는 것을 전혀 하지 못했던 아이였다. 하지만 8세가 된 지금 요구하기, 사진이름 말하기, 글자 읽기, 숫자 읽기, 기본적인 덧 · 뺄셈, 다양한 질문에 답하기, 자립기술 등 여러 가지 능력군(repertoires)을 갖춘 아이로 발달해 있었다. 그리고 음악시간, 미술시간, 국어(영어)시간에는 특수학급이 아닌 일반학급에 통합되어 수업을 받아도 문제가 없는 수준의 아이가 되어 있었다. 3년이라는 기간 동안 응용행동분석을 이용한 학교에서 공부하면서 주다는 점점 자립적으로 공부하고 살아가는 방법을 배우고 있다. 누구보다 주다의 엄마가 가장 기뻐한다. 다른 아이들이 이 정도의 언어발달을 보이는데 주다는 보이지 않았을 때 엄마의 걱정은 정말 이만저만이 아니었을 것이다. 하지만 언어행동을 집중적으로 가르치는 학교로 전학을 왔고, 그 속에서 언어행동과 교과학습능력을 응용행동분석을 이용하여 집중적으로 교육받았다. 그 후 주다의 변화는 눈으로 '확인 가능한' 실질적 발달로 이어졌다. 엄마도 기뻐하겠지만, 가르치는 교사의 마음은 얼마나 기쁘겠는가. 아직도 저자들은 그 아이의 사진을 가끔씩 보면서 피식 웃는다.

엄마 "언어행동이라는 용어를 계속 듣게 되는데, 자세히 알고 싶습니다."

닥터 최 "스키너와 후대의 학자들이 이야기하는 언어행동의 종류에는 크게 여섯 가지가 있습니다."

이 책을 통해서 언어행동이라는 용어를 많이 접하게 된다. 응용행동분석은 조금은 알겠는데, 언어행동이라는 단어는 아직도 낯설 수 있다. 언어행동 · 응용행동분석을 연구하는 학자들은 '언어(language)' 용어 자체만을 쓰기보다는 '언어행동(verbal behavior)' 이라는 용어를 더 많이 사용한다. 언어라는 뜻 자체에서는 언어사회 속에서 관찰되는 기능적 언어행동을 의미하기보다는 일종의 언어 형태들을 모아둔 구조언어학적 의미가 강하기 때문이다. 구조언어학에서는 한 단어를 정의하기 위해서 다른 단어를 사용하고 있으며, 의미소 · 형태소 · 음소와 같은 구조적 단위를 이용하여 언어의 구조를 파악하려고 했다.

하지만 언어행동분석학적 접근에서는 언어사회 속에서 언어의 양상을 기능적으로 정의하려고 했다. 화자가 청자에게 주는 기능적 관계, 청자가 화자에게 주는 기능적 관계, 저자가 독자에게 주는 기능적 관계를 자극과 반응 그리고 강화라는 구조 속에서 설명하려 한 것이다. 구조언어학적 · 언어행동분석학적 접근법이 언어연구에서 필수적이라고 할 수 있다.[1] 분명한 것은 구조언어학적 접근법을 이용한 중재방안도 필요하다. 그래서 미국의 공립특수학교 · 학급에서 일하는 언어치료사들은 주로 발음이라든지 정확한 문장 구조와 같은 구조적 언어능력에 집중한다. 상대적으로 응용행동분석가들과 언어행동분석을 연구하는 학자들은 기능적 언어의 증가를 목표로 중재방안을 제공한다.

자, 여기서 다른 장애를 가진 아동이 아니라 자폐아의 언어발달 지체의 원인을 분석해 보자. 그 원인은 다양하겠지만 주로 환경과의 상호작용의 부족으로 비롯되는 경우가 많다.[2] '자폐' 라는 단어에서 알 수 있듯이 스스로 환경과 상호작용하는 능력의 발달을 위해 특히 언어의 기능적 접근을 강조하는 언어행동분석적 접근법이 자폐아와 발달장애아에게 더욱 효과적일 수 있다.

우선 아기가 태어나서 어떤 경로로 말을 배우고 사용하는지를 생각해 보자. 아이가 어떤 말을 배우는지보다는 왜 언어를 습득하고 사용하는지를 생각해 보자는 것이다. 행동주의 입장에서는 언어의 구조적인 측면보다는 언어의 기능적인 측면을 중시한다고 앞에서 말했다. 기능적인 언어 사용을 통해서 그 언어의 형태 또한 습득된다고 본다. 예를 들어, 저자는 미국에 와서 가장 먼저 사용해야 할 말은 화장실, 음식, 물 등과 같이, 기본적으로 필요한 것들을 일컫는 것이었다. 그 나라의 말을 하여 필요를 충족하고, 그 과정을 통해 그 나라말의 언어 형태인 몇몇 단어를 배우게 된다. 아이가 언어를 배우는 과정 역시 비슷하다.

엄마는 어린 아기의 울음소리를 듣고 배가 고픈지, 기저귀가 젖었는지를 구분하여 젖을 물리거나 기저귀를 갈아 준다. 아이가 좀더 자라면 아이는 원하는 것을 손가락으로 가리키기 시작하고 이어 말을 사용해서 필요한 욕구를 충족하게 된다. 아이의 사회성과 인지능력이 자라면서, 음식이나 장난감과 같은 기본적인 사물은 물론, 타인의 관심이나 사회적 상호작용에 대한 욕구로 인해 자신의 생각이나 경험을 공유하기 위한 말을 시작한다. 아이가 처음으로 "엄마", "아빠"라고 말했을 때, 부모의 반응을 생각해 보라. 아이는 필요한 것을 요구하기 위해, 그리고 사회적인 상호작용의 수단으로 말을 사용하게 되고, 더 나아가 타인의 질문에 답하거나 필요한 정보를 얻기 위해 질문을 하게 되며, 이어 대화를 나눌 수 있게 된다. 이와 같이 아이는 태어나면서부터 주변 사람들과의 상호작용을 통해 기능적인 언어능력이 발달하게 되는 것이다. 즉, 아이가 태어나면서부터 주어진 언어 환경 속에서 타인과의 상호작용을 통해 언어행동이 형성되고 유지된다.

이와 같이 아이의 언어행위가 형성되고 발달되게 하는 환경적인 요인은 무엇일까? 행동분석적 입장에서는 인간의 모든 습득된 행동이 환경적인 요인에 의해서 형성되고 조작된다고 본다. 즉 하나의 행동을 분석해 보면, 그 행동을 촉발하는 선행사건인 antecedent(A), 그에 대한 반응인 behavior(B), 그리고 그 반응을 따르는 후속결과인 consequence(C)가 서로 맞물려 있는 것으로 볼 수 있다. 하나의 행동인 behavior가 그를 둘러싼 환경적인 요인인 선행사건과 후속결과에 의해 형성되고 조작되는 것이다. 하나의 행동과 그와 관련된 환경적인 요인을 통틀어서 ABC라고 해 보자. 주의 깊고 체계적인 관찰을 통해 아이 행동의 ABC를 분석해 내는 탐정이 될 수 있다. 각 행동과 관련된 ABC를 정확히 분석한다면, 그 행동의 변화를 초래할 수 있다. 하나의 사회과학으로서의 행동분석이 낙관적인 학문이라고 할 수 있는 이유는, 하나의 행동을 둘러싼 환경적인 요인을 분석한다면 그 모든 행동의 변화를 초래할 수 있다고 보는 것이 행동분석의 기조이기 때문이다. 물론 여기서 말하는 행동은 생득적인 반사행동을 제외한 습득된 행동을 말한다.

심심할 때 음악을 들음으로써 무료함을 달랜다. 가족을 부양해야 할 가장은 아침마다 회사에 출근한다. 매월 받는 월급 때문이다. 우리는 일상적인 생활에서 ABC를 수없이 찾아낼 수 있다. 후천적으로 습득된 모든 행동이 유지되는 데는 다 이유가 있다. 그렇다면 언어행동은 어떠할까? 언어행동을 대상으로 ABC가 분석될까? 언어행동도 일반행동처럼 ABC로 분석해 낼 수 있다.

이러한 분석방법으로 스키너와 후대 학자[3]들이 말하는 언어작동(verbal operants) 행동의 종류는 크게 다음과 같다.

에코익(echoic)
맨드(mand)
택트(tact)
언어자극 – 언어반응(intraverbal)
꾸밈어(autoclitic)
음성읽기반응(textual response)

촘스키와 같은 언어학자들은 인간이 만들어 내는 수많은 언어를 이 6개로 설명할 수 있을까라는 의문을 가졌다.[4] 하지만 어디까지나 구조언어학적 접근을 논하려는 것이 아니라 지금은 언어를 이용한 환경과의 상호작용적 기능을 통해 언어발달을 설명하려고 한다. 여러 사람이 모여 사회를 이루듯,

여러 이론이 모여 언어를 설명한다. 자, 이제 쉽지만 자세하게 언어행동을 알아보자.

스키너는 언어행동이 다른 일반행동처럼 선행조건과 후속결과에 의해 촉발되고 유지된다고 하였고, 선행조건과 그 언어행위에 따른 후속결과에 따라 언어행동의 여러 유형을 제시하였다고 앞에서 설명하였다. 우선 아기가 태어나서 가장 먼저 발달하는 언어 유형으로 필요한 사항이나 원하는 사항을 요구하기인 맨드와, 오감을 통해 감지한 주변 환경에 관한 언급하기인 택트가 가장 기본적인 언어 유형이며, 이는 언어중재를 계획할 때 가장 먼저 목표로 하는 언어행동 유형이다. 다음에 타인의 언어행동에 대한 언어 반응으로서의 언어자극-언어반응은 좀더 발전된 언어 유형으로 여겨지며, 언어자극-언어반응을 집중적으로 목표하기 전에 반드시 유창한 맨드와 택트가 형성되어야 한다.

1

에코익

에코익(echoic)은 한국어 용어로 옮기면 '반어반응' 정도로 생각하면 되겠다. 예를 들어 보자. 엄마가 "장난감"이라고 아이에게 말했을 때 아이가 같이 "장난감"이라고 말한다. 이렇게 각 음절이 서로 일대일 대

응을 이룰 때 이 언어반응을 에코익이라고 한다.

에코익은 앞으로 설명하게 될 맨드와 택트의 발달에 아주 중요한 필요선제능력이라고 할 수 있다. 즉, 맨드, 택트, 단어 읽기 등의 다양한 언어학습에 있어서 엄마나 치료사가 제시하는 언어 시범을 따라 하는 에코익의 능력이 필수적이다. 에코익을 가르칠 때 아이가 말하는 에코익 반응의 정확성보다 기능성에 더 초점을 두어야 한다. 언어의 주요 기능은 그 형태적 정확성보다는 언어의 기능성에서 나오기 때문이다. 아이가 "장난감"이라는 말을 "잔난감"이라고 정확한 발음은 아니지만 따라 말하였다고 하자. 아이의 언어발달수준에 따라 "잔난감"이라고 따라 말한 것 역시 대단히 큰 걸음이 될 수 있다. 이러한 반응에 우선 강화를 해 주고 뒤에 더 정확한 발음 형성을 위해 형성(shaping)과정을 거쳐 준다면, 더 신속한 언어의 기능성 발달을 이끌어 낼 수 있을 것이다.

한 가지 명심해야 할 것은 시간이 날 때마다 아이에게 많은 단어를 말해 주고 아이가 그 단어를 따라 할 때마다 칭찬으로 강화해 주는 것이 중요하다. 우리의 엄마와 아빠가 그렇게 해 준 것을 기억할 것이다. 우리의 아이들에게 이보다 더 많은 반응 기회를 주고 강화해 주어야 할 것이다.

2 맨드

앞으로 맨드와 택트의 교육을 위해 더 많은 설명을 하겠지만, 맨드(mand)에 관해서 간단하게 설명하자면 자신이 원하는 것을 표현하는 언어행동이라고 정의할 수 있다. 더 간단하게 말한다면 '요구하기' 행동이다. 이 언어기능행동은 음성언어행동으로 나타날 수도 있고, 수화(sign)로도 나타날 수도 있으며 심지어 손으로 가리키는 행동 역시 이러한 맨드라고 할 수 있다.

음성언어행동에서도 맨드는 다양한 형태로 나타날 수 있다. 아이가 우유를 가리키며 "우유"라는 하나의 단어로 사물을 가지고 싶다고 요구하는 것도 맨드가 될 수 있다. "우유 주세요."라는 하나의 문장으로 요구하는 것도 맨드 언어행동이며, "우유 마셔도 돼요?"라고 물어보는 언어행동 역시 동일한 맨드 언어행동이다. 아이가 어떤 물건을 보며 "저것의 이름이

뭐예요?"라고 물어보는 것 역시 사물 이름에 관해 '요구하는' 맨드가 될 수 있다.

이렇게 맨드라는 언어행동은 우리가 사용하는 언어에서 가장 큰 부분을 차지하는 기능이며, 실제로 아동의 언어발달과 행동 수정에 있어서 아주 중요한 역할을 수행하기 때문에 집중적이고 체계적인 중재절차가 적용되어야 한다.

3

택트

스키너는 택트(tact)라는 언어행동을 주변 환경과 접촉하게 해 주는 언어행동으로, 일반 강화제에 의해서 강화되는 언어행동이라고 말했다. 어려운 말 같지만, 예를 들면 쉽게 이해할 수 있다. 아이가 길을 가는데 나무를 보며, "엄마! 나무!"라고 말한다. 엄마는 아이에게 "그래! 맞아! 우리 아기 똑똑하네!"라고 칭찬을 해 준다. 이 언어행동은 간단한 택트의 한 예이다. 택트 역시 아이의 언어발달에 아주 핵심적인 역할을 한다. 택트 언어기능은 우리가 일상적으로 나누는 대화에 맨드와 함께 가장 자주 포함되는 언어의 주요 기능 중 하나이다. 언어행동에 관련된 연구에 따르면, 택트 언어행동을 많이 하는 아동일수록 더 많은 대화를 나눌 수 있고, 이는 결국 아동에게 더 많은 사회적 강화를 받을 기회를 줄 수 있다고 한다. 맨드는 단순하게 자신이 원하는 물건이나 정보를 얻는 기본적이고

단순한 언어기능이지만, 택트는 그 기능적 영향이 사회적 강화와 관련 있기 때문이다. 또 다른 응용행동분석 연구에 따르면 집중적 택트 언어교육을 했을 때 우발적 언어습득능력 또한 발현된다고 한다. 직접적인 교육 없이 대화를 듣는 것만으로 언어습득능력의 기초가 되는 것이 바로 택트이다.

후에 독해능력에도 영향을 미치게 될 뿐만 아니라, 일상대화의 발달에도 중요한 요소로 작용한다. 따라서 뒤에서 좀더 심층적으로 설명하도록 하겠다.

4
언어자극-언어반응

언어자극-언어반응(intraverbal)이라는 언어행동은 다른 언어선행자극에 의해서 발생하는 언어행동을 말하는데, 인사하기가 쉬운 예이다. "잘 지내니?" "응."이라는 대화가 오갔다. "응."이라는 반응은 "잘 지내니?"라는 언어선행자극에 의해서 발생하였다. 숫자 세기도 하나의 언어자극-언어반응이라고 할 수 있다. "하나, 둘, 셋, 넷, 다섯, …" 다음에 무엇이 올까? "여섯"이다. "여섯"이라는 언어행동은 결국 이전의 언어선행자극 "다섯"에 의해서 발생한다. 시와 노래가사도 언어자극-언어반응에 의해서 기억된다. 김소월의 '진달래꽃'을 외울 수 있는 사람이라면 "나 보기가 역겨워 가실 때에는…" 다음에는 자동으로 "말 없이 고이 보내 드리오리다." 라고 암송하게 된다. 앞의 구절이 선행자극으로써 뒤의 구절을 반응으로 이끌어 낸 것이다.

5

꾸밈어

언어행동분석에서 말하는 꾸밈어(autoclitics)는 택트와 맨드와 같은 다른 언어행동의 효과를 구체적이고 효과적으로 변화시키는 역할을 하는 언어행동을 말한다. 꾸밈어는 언어 상호작용이 더 원활하게 이루어지도록 해 주는 윤활유와 같은 것이다.

예를 들어 보자. 딸기맛 사탕을 먹고 싶어 하는 아이가 있다. 포도맛 사탕보다 빨간 딸기맛 사탕이 먹고 싶다. 여기서 그냥 "사탕 주세요."라고 말하는 것과 "딸기맛 사탕 주세요."라고 말하는 것 중 어느 것이 '딸기맛' 사탕을 얻을 확률이 높을까? 바로 두 번째 "딸기맛 사탕 주세요."일 것이다. 이렇게 아이가 '딸기맛'이라는 꾸밈어를 추가함으로써 아이가 구체적으로 얻고 싶어 하는 강화제를 얻을 확률을 높였다. 또한, 꾸밈어는 듣는 사람에

게 자신이 원하는 것을 더 정확하게 전달하는 기능을 한다. "왼손을 올려!" 라고 말하는 것은 단순히 "손을 올려!"라고 말하는 것보다 더 정확하게 사람의 행동을 이끌어 낼 수 있다. "저기 책 좀 주세요."라고 말하는 것보다 "저기 둥근 책상 위에 있는 파란색 책을 주세요."라고 말한다면 자신이 원하는 책을 더 정확하게 전달받을 수 있을 것이다.

이렇게 듣는 사람의 반응을 좀더 구체적으로 이끌어 내기 위해 사용되는 언어행동기능요소를 꾸밈어라고 한다.

6

음성읽기반응

음성읽기반응(textual response)은 예상하듯이 글을 소리 내어 읽는 언어반응을 말한다. 인쇄된 글자가 사람의 언어행동을 이끌어 내

는 것인데, 이는 좀더 고등적인 언어행동발달에 필수적인 요소라고 할 수 있다. '사과' 라는 글자를 보고 "사과"라고 소리 내어 읽는다. '자동차' 라고 적힌 카드를 보고 "자동차"라고 읽는다. 더 나아가 동화책을 소리 내어 읽는다. 이 모든 음성읽기행동을 바로 음성읽기반응이라고 한다. 이러한 종류의 언어행동 역시 인간의 언어발달뿐만 아니라 학습능력에도 영향을 미치기 때문에 뒤에서 집중적으로 다루어 보자.

닥터 최가 되기까지

용변훈련 1

처음 유아원에서 일하면서 아빠로서 유용한 능력을 배웠다. 바로 기저귀를 가는 능력이다. 발달장애 아이가 많은 학교에서 일하면, 하루에도 열 번 이상 기저귀를 갈아야 한다.

엄마들을 참으로 대단하다.

나를 키워 주신 엄마도 대단하다.

어떻게 이걸 다 갈아주는지….

학교에서 일을 시작한 지 몇 주가 지났다. 이제 기저귀 가는 일은 내 전문영역이 되었다. 기저귀를 가는 데 1분이면 깨끗하게 닦아서 베이비파우더까지 바르고 뽀송뽀송한 귀여운 아이로 변신 완료! 아이의 기저귀가 젖으면 오늘도 최를 찾는다.

"최, 이것 좀 갈아 줘."

"네!"

참고문헌

1) Bloomfield, L. & Barnhart, C. L. (1961). *Let's read: A linguistic approach.* Detroit: Wayne State University Press.

2) Greer, R. D., & Ross, D. E. (2004). Verbal behavior analysis: A program of research in the induction and expansion of complex verbal behavior. *Journal of Early and Intensive Behavioral Intervention, 1*(2), 141-165.

3) Greer, R. D., & Ross, D. E. (2008). *Verbal behavior analysis: Inducing and expanding new verbal capabilities in children with language delays.* Boston: Person Education, Inc. 박혜숙, 최진혁, 김정일 역(2011). 『언어행동분석』(서울: 시그마프레스).

4) Chomsky, N. (1975). *The logical structure of linguistic theory.* New York and London: Plenum Press.

PART 5

제니스를 사랑해–
가장 중요한 맨드교육!

엄마 “우리 아이는 무엇을 원하면 말을 하지도 않고 그냥 소리만 지르거나 가지려고만 해요. 집에서 무엇부터 시작해야 하나요?”

닥터 최 “앞에서 말한 것처럼 여섯 가지 언어행동 중 한 가지! 맨드(요구하기)를 가르칠 때입니다.”

우리 반에 ‘제니스’라는 발달장애를 가진 만 3세의 여자아이가 있었다. 처음 유아원(preschool)을 다니기 시작했을 때 이 아이는 말을 한 마디도 하지 않았다. 그저 싫어서 하지 않았는지 못해서 하지 않았는지는 모를 일이다. 하지만 분명한 것은 시간이 지나면서 아이는 말을 하기 시작했다. “Candy”, “Chip”, “Peepee(쉬야)” 등 하나씩 하나씩 그 ‘요구하는’ 단어를 늘려나갔다. 교사들도 덩달아 신이 나서 더 열심히 가르치기 시작했다. 아이는 자신이 원하는 것을 말을 통해 얻을 수 있어서 좋고, 가르치는 사람은 하루가 다르게 배워 가는 모습이 기특해서 좋다. 이렇게 맨드라는 언어행동은 언어사회의 구성원으로서 가장 중요한 기능이다.

엄마 “아이와 함께 마트에 갔는데, 뽀로로 장난감을 사 달라고 엄청 울었어요. 주변 사람들에게 부끄럽기도 하고… 울음을 그치게 하려고 결국 사 주었어요.”

닥터 최 “아이를 사랑하는 엄마의 마음을 충분히 이해합니다. 하지만 무엇보다 중요한 것은 그 기회를 이용해 아이의 적절한 의사소통방법을 가르치는 것입니다.”

앞에서 행동은 크게 ABC로 설명할 수 있다고 했다. 선행사건 A, 그에 대한 반응 B, 그리고 그 반응을 따르는 후속결과 C가 서로 맞물려 행동이 이루어진다. 예를 들어 보자. 아이가 장난감 가게에 갔을 때, 맘에 드는 장난감을 엄마가 사 주지 않아 떼를 쓰고 울고 있다. 엄마는 우는 것을 멈추게 하기 위해 그 장난감을 사 주었다. 앞으로 또 그 아이는 원하는 장난감을 사 주지 않을 때마다 울기 시작했다. 여기서 행동인 B는 장난감 가게에서 떼를 쓰고 우는 행동이다. B 이전에 선행한 조건인 A는 눈앞의 원하는 장난감을 엄마가 사 주지 않는 상황이다. 그렇다면 행동을 따르는 후속결과인 C는 무엇일까? 당황스러운 상황을 모면하기 위해 엄마가 사 주는 장난감을 얻는 상황이다. 여기서 한 특정 행동의 발생빈도에 가장 많이 영향을 주는 것은 행동에 따른 결과 C이다. 우리는 부드럽지만 강한 엄마가 되어야 한다. 때로는 엄한 엄마가 되어야 한다. 이 사례에서 엄마가 아이가 아무리 떼를 쓰고 울더라도 장난감을 사 주지 않는다면, 같은 상황에서 그 행동이 다시 일어날 확률은 줄고, 아이가 떼를 쓰고 우는 행동이 더 이상 효과적이지 않다는 것을 알게 되면 같은 A 상황에서 그 행동은 일어나지 않게 된다. 반대로 엄마가 계속 같은 장난감 가게에서 아이의 우는 행동에 장난감을 사 주는 부적절한 강화를 제공한다면, 우는 행동은 장난감 가게에 갈 때마다 발생할 것이다. 아이의 그 행동이 다른 행동보다 그 상황에서 원하는 것을 획득하는 데 가장 효과적이기 때문에 떼를 쓰는 행동이 유지되는 것이다.

자, 이러한 행동을 대체할 수 있는 적절한 행동은 무엇일까? 적절하게 달라고 요구하는 행동일 것이다. 이렇게 말로 요구하는 행동인 맨드를 가르쳐 보자.

1

맨드

학문적으로 스키너는 맨드를 "결핍 상태나 불쾌한 자극에 처한 화자가 그 상황에서 벗어나기 위해 특정 사물이나 상황을 요구하고, 그에 이어진 후속결과에 의해 그 반응이 강화되는 언어행동이다. 따라서 맨드는 결핍 상태나 불쾌한 자극과 같은 관련 조건의 기능적 통제하에 있다."[1]고 보았다. 불쾌한 상황이나 결핍 상태(선행조건)가 사람이 언어행위를 하게 만들고(반응), 그 언어행위를 들은 청자의 행동(후속결과)을 통해 그 불편한 상황에서 벗어나거나 원하는 아이템을 획득함으로써 그에 대한 결핍 상태에서 벗어나게 된다. 이 행동을 맨드라고 한다.

어떤 사람이 두통이 너무 이 심해서 진통제가 필요한 상황이다. 이러한 상황에서는 약국을 찾아가 약사에게 "두통약 주세요."라고 맨드할 가능성은 아주 커진다 — 맨드라는 용어는 명사로 쓰이기도 하지만, 동사로 '맨

드하다' 라고 사용되기도 한다 — 두통이라는 강한 유인력(establishing operation)이 있었기 때문이다. 만약 두통이 없었더라면, 약국을 찾아가 진통제를 달라고 맨드할 가능성은 없었을 것이다. 즉, 맨드는 유인력이라는 동기적인 맥락에 의해 조절되는 언어행동이다.

언어행동분석에서는 음성언어만이 맨드기능을 한다고 보지 않는다. 어떠한 수단을 동원해서 맨드를 일으켰다면 형태에 상관없이 그 행동을 맨드라고 부를 수 있다고 했다.[2] 다시 말해, 선행사건과 언어행동, 그리고 후속결과가 스키너의 맨드의 기능적 정의와 일치한다면 맨드가 될 수 있다. 수화, 기호 사용, 그림 교환 등 다양한 의사소통수단에 의해 맨드가 발생할 수 있는 것이다.

스키너의 정의에 의하면 아이가 우는 행동을 통해 장난감을 획득한 사례에서 그 행동은 맨드이다. 하지만 우는 문제행동을 그냥 둘 수도 없는 노릇이다. 아이의 언어사회 속에서 우는 행동이 사회적으로 언제나 적절할 수 없기 때문이다. 엄마와 교사의 역할은 결국 적절한 맨드를 가르치는 것이다.

2

맨드능력평가

맨드는 아이에게 주어진 환경 속에서 그 혜택을 직접 가져다 줄 수 있다. 그래서 가장 중요한 언어행동이다. 다양한 맨드 기회를 가질 수 있기 때문에 아이 또한 쉽게 배울 수 있는 언어행동이다. 자, 제3부에서 설명했듯이, 모든 교육의 시작은 관찰하기와 목표행동목록을 만들어 데이터 모으기부터이다. 본격적으로 맨드훈련에 앞서 우리 아이의 언어능력이 어느 정도 발달해 있는지를 알아보자. 언어 중재를 시작하기 전에 〈표 5.1〉을 이용해서 우리 아이의 언어능력 정보를 수집하자.

표 5.1 아이의 언어능력 정보 수집표

번호	평가항목	+/− 평가 날짜
1	**아이는 원하는 물건이 있으면 어떻게 합니까?**	
	a. 아이가 원하는 것이 무엇인지 알기 힘들고 대부분 아이 스스로 원하는 것을 얻는다.	
	b. 원하는 것을 얻을 때까지 떼를 쓰거나 운다.	
	c. 주변 사람을 원하는 것이 있는 곳으로 끌고 가서 그 사람의 손을 원하는 것에 놓는다.	
	d. 검지나 손으로 원하는 것을 가리킨다.	
	e. 한 단어를 사용해서 주변 사람에게 맨드한다. 사용 단어 :	
	f. 구문을 이용해서 주변 사람에게 맨드한다. 사용 구문 :	
	g. 완전 문장을 이용해서 주변 사람에게 맨드한다. 사용 문장 :	
1−1	**위 행동의 빈도는?**	
	a. 원하는 것이 있을 때마다	
	b. 주변에서 "뭐 줄까?"라고 했을 때만	
	c. 원하는 것이 있을 때 위 행동을 하는 것이 일관적이지 않고 산발적이다.	
2	**아이가 시야에 없는 물건도 맨드합니까? 그 빈도는?**	
	a. 시야 밖의 물건을 맨드하지 않는다.	
	b. 산발적으로 시야 밖의 물건을 맨드한다.	
	c. 일관성 있게 필요한 시야 밖의 물건을 맨드한다.	
3	**아이가 동작이나 놀이, 혹은 어떤 상황을 맨드합니까?**	
	a. 원하는 것을 얻을 때까지 떼를 쓰거나 운다.	
	b. 주변 사람을 원하는 것이 있는 곳으로 끌고 가서 그 사람의 손을 원하는 것에 놓는다.	
	c. 검지나 손으로 원하는 것을 가리킨다.	
	d. 한 단어를 사용해서 주변 사람에게 맨드한다. 사용 단어 :	
	e. 구문을 이용해서 주변 사람에게 맨드한다. 사용 구문 :	
	f. 완전 문장을 이용해서 주변 사람에게 맨드한다. 사용 문장 :	

표 5.1 아이의 언어능력 정보 수집표(계속)

번호	평가항목	+/− 평가 날짜
3-1	**위 행동의 빈도는?**	
	a. 원하는 게임이나 놀이가 있을 때마다	
	b. 주변에서 "뭐 할까?"라고 했을 때만	
	c. 원하는 것이 있을 때 위 행동을 하는 것이 일관적이지 않고 산발적이다.	
4	**아이가 불쾌한 상황(예 : 옷이 젖거나 손이 더러워진 경우 등)**	
	a. 주변 사람에게 보이고 그 손을 관련 장소에 놓는다.	
	b. 손으로 상황을 가리킨다.	
	c. 한 단어로 상황을 해결해 줄 것을 맨드한다.	
	d. 구문을 이용, 상황을 해결해 줄 것을 맨드한다.	
	e. 문장을 이용, 상황을 해결해 줄 것을 맨드한다.	
5	**아이가 원하지 않는 상황에 처했을 때 아이는 어떻게 합니까?**	
	a. 스스로 그 상황에서 벗어난다.	
	b. 울고 떼를 써서 그 상황에서 벗어난다.	
	c. 목소리를 내거나 운다.	
	d. "싫어요."라고 말한다.	
6	**아이가 하던 놀이나 게임을 더 하고 싶을 때 아이는 어떻게 합니까?**	
	a. 울고 떼를 쓴다.	
	b. 주변 사람의 손을 관련 장소에 놓는다.	
	c. "더", 혹은 "더 해 주세요."라고 맨드한다.	
7	**주변 사람이 물건을 보이면서 "이거 줄까?" 하면 어떻게 합니까?**	
	a. 울고 떼를 쓴다.	
	b. "아니. 싫어. 싫어요. 아니요. 응. 네."라고 말한다.	
8	**주변 사람이 "A 줄까 아니면 B 줄까?" 하면 아이는 어떻게 합니까?**	
	a. 대답하지 않는다.	
	b. 울고 떼를 쓴다.	
	c. "A(B)" 혹은 "A(B) 주세요."라고 선택한다.	
9	**아이가 의문문을 사용해서 질문합니까?**	
	a. 질문하지 않는다.	
	b. 산발적으로 질문한다.	
	c. 일관성 있게 필요할 때마다 질문한다.	

앞에서 살펴본 대로, 맨드는 하나의 기능적인 언어행동이다. 주로 벗어나고 싶은 상황이나 결핍 상태인 선행조건에 처한 화자가 언어반응을 보인다. 그리고 그것을 듣는 청자가 화자의 언어행동에 반응을 보인다. 그 결과로 화자는 결핍 상태에서 벗어나게 된다. 행동주의적 입장에서 언어 반응은 그 형태보다는 그 반응과 선행조건과 후속결과의 기능적 관계에 따라 결정된다. 맨드 자체도 여러 상황에서 일어나는데, 앞의 평가항목들을 살펴보면 우리가 맨드로 어떤 능력들을 목표로 하는지 알 수 있다. 개별적인 평가결과에 따라 한 특정 아이에게 어떤 유형의 맨드에 집중해서 지도해야 하는지를 결정할 수 있다. 일단 한 가지 유형의 맨드를 습득하면 기회가 있을 때마다 자연스러운 상황 속에서 습득한 맨드를 사용하도록 한다.

자, 그럼 어떤 유형의 맨드가 있고, 그 여러 유형의 맨드를 교수하는 순서는 대략적으로 어떤 순서에 의해 지도해야 할까? 평가항목을 순서대로 살펴보자. 평가항목에 나타난 대로 맨드를 가르칠 때 가장 먼저 목표로 할 행동은 눈앞에 있는 구체적인 물건을 갖기 위해 보이는 맨드이다. 다음으로 시야 밖의 혹은 감추어진 물건을 맨드, 동작 · 사건 · 놀이와 같이 좀더 피상적인 상황을 맨드, 원하지 않는 상황에서 벗어나기 위해 "아니오" 혹은 "예"를 사용해서 그 상황을 적절히 거부하기, 원하는 상황을 요구하거나 거부하기, 선택의문문에 대답하기, 그리고 마지막으로 필요한 정보를 요구하는 행위라 할 수 있는 질문하기(예 : "내 장난감 차가 어디 있어요?")의 순서로 지도한다.

하지만 모든 아이의 언어가 같은 순서로 발달하면 얼마나 좋을까? 모든 아이가 이 같은 순서를 따라서 발달하는 것이 아니기 때문에 아이의 환경 속에서 일어나는 상황에 맞추어 지도하는 것이 중요하다. 그리고 어떠한 유형의 맨드를 집중적으로 지도하는 것이 일반적인 교육방법이다.

즉, 아이가 몇몇 선호도가 높은 물건을 맨드할 수 있게 교육한다. 그리고 맨드의 사용범위를 다양한 사물로 확장한다. 아이가 일관성 있게 필요한 물건을 한 단어를 사용해서 맨드하기 시작했다면, 그 물건을 감추어 놓던지 혹은 시야 밖에 놓고 눈에 보이지 않는 사물을 맨드하도록 지도한다. 다음 단계는 맨드의 길이를 확장시켜야 한다. 처음에 아이가 그냥 "자동차"라고 맨드했다면, 이제는 "자동차 주세요."와 같은 문장을 이용해서 같은 물건을 맨드하도록 교육한다.

아이가 구체적인 사물에 대한 맨드능력을 보인다면, 점진적으로 "엄마, 화장실 가고 싶어요.", "마트에 가고 싶어요."와 같이 좀더 피상적인 동작 · 사건 등으로 그 맨드의 대상범위를 넓혀 주어야 한다.

요약하자면 기본적인 맨드훈련 순서의 원리는 맨드발화의 길이를 확장함과 동시에 그 대상범위를 넓혀 나가는 것이다. 그 순서는 아동에 따라 개별화되어야 한다. 또한 이런 교수 전 과정은 제3부에서 설명된 데이터 기록을 통해 아동의 발달을 모니터하고, 이를 바탕으로 교수과정을 결정한다.

3

맨드의 데이터 수집방법

언어행동을 지도하는 동안 아이의 반응을 측정하기 위해서는 분석 단위를 정해야 한다고 설명하였다. 이제 우리는 아이의 개별수준에 맞추어 맨드 목표행동의 ABC를 결정할 것이다. 아이가 초기 평가에서 필요하거나 원하는 것의 이름을 가끔씩 말하면서 습득하기는 하지만, 대부분 엄마를 그 물건 쪽으로 데려가 맨드 없이 얻으려고 한다면, 처음 습득할 목표행동을 한 단어를 이용한 음성맨드로 정할 수 있다. 잊지 말자. A는 특정 사물에 대한 결핍 상황에 의한 취득욕구 선행조건이, B는 한 단어인 음성언어(맨드), 그리고 C는 그 음성언어를 들은 청자에 의해 그 사물이 아이에게 전달되는 상황이다. 이것이 이 교수단계에서 목표하는 ABC이다. 우리는 이 ABC를 하나의 런유닛으로 정하고, 이 런유닛을 맨드훈련의 측정단위로 이용할 것이다(제3부 런유닛 설명 참조). 〈표 5.2〉에서는 아이의 수준에 따라 맨드훈련에 사용할 수 있는 런유닛을 제시하였다.

표 5.2 아이의 수준에 따라 맨드훈련에 사용할 수 있는 런유닛

평가 항목	아이 능력 평가사항 및 훈련 목표	런유닛 A : 선행자극 (엄마 · 교사의 행동)	B : 반응 (아이의 반응 : '+' 혹은 '–')	C : 후속결과 (엄마 · 교사의 행동)
1	아이가 원하는 물건이 있으면 어떻게 합니까? – 음성언어를 사용해서 맨드한다.	아이가 원하는 사물을 앞에 놓는다.	그 사물의 이름을 한 단어, 구문 및 문장을 사용해서 말한다.	즉각적으로 그 사물을 아이에게 준다.
2	아이가 시야에 없는 물건도 맨드합니까? – 시야 밖의 물건을 음성언어를 사용해서 맨드한다.	아이가 원하는 사물을 벽장 속이나 용기 안과 같이 보이지 않는 곳에 놓는다.	그 사물의 이름을 한 단어, 구문 및 문장을 사용해서 말한다.	즉각적으로 그 사물을 아이에게 준다.
3	아이가 동작이나 놀이, 혹은 어떤 상황을 맨드합니까? – 원하는 동작이나 놀이, 혹은 상황을 음성언어를 써서 맨드한다.	아이가 한 특정 놀이나 동작을 원하도록 상황을 설정한다 (예 : 그네를 태우다가 잠시 멈춘다.).	그 동작이나 놀이, 상황의 이름을 말한다. 이때 음성언어의 형태는 아이가 원하는 사물을 맨드할 때 쓰는 언어 형태와 같은 수준을 목표로 한다. 예를 들어 원하는 사물을 한 단어로 맨드하면 이때도 한 단어를 목표로 할 수 있다.	즉각적으로 동작이나 놀이를 하거나, 원하는 상황이 일어나도록 한다.
4	아이가 불쾌한 상황(예 : 옷이 젖은 경우나 손이 더러워진 경우 등)에서 벗어나기 위해 어떻게 합니까? – 불쾌한 상황을 적절한 언어행동을 통해 해결한다.	옷이 젖거나 물컵이 바닥에 떨어져 있는 등 불쾌한 상황을 일으킨다.	"치워 주세요." 혹은 "바꿔 주세요."라고 말한다.	즉각적으로 불쾌한 상황을 제거해 준다.
5	아이가 원하지 않는 상황에 처했을 때 아이는 어떻게 합니까? – 원하지 않은 상황을 적절한 언어행동을 통해 제거한다.	아이가 원하지 않은 사물을 주거나 상황에 처하게 해서 적절하게 거부를 하도록 상황을 설정한다.	"싫어요.", "하지 않을래요."라고 말한다.	즉각적으로 원하지 않는 상황을 제거해 준다.
6	아이가 하던 놀이나 게임을 더 하고 싶을 때 어떻게 합니까? – 기존에 진행되고 있던 놀이나 게임을 적절한 언어행동을 통해 계속하도록 한다.	즐기던 놀이나 게임을 잠시 중단한다.	"더 해 주세요." 혹은 "더."라고 말한다.	즉시 다시 중단된 놀이나 게임을 재개한다.

표 5.2 아이의 수준에 따라 맨드훈련에 사용할 수 있는 런유닛(계속)

평가 항목	아이 능력 평가사항 및 훈련 목표	런유닛		
		A : 선행자극 (엄마 · 교사의 행동)	B : 반응 (아이의 반응 : '+' 혹은 '−')	C : 후속결과 (엄마 · 교사의 행동)
7	주변 사람이 물건을 보이면서 "이거 줄까?" 하면 어떻게 합니까? – "예" 혹은 "아니오"를 사용해서 한 사물에 대한 선호 여부를 표현한다.	원하는 물건("예"를 목표로) 혹은 원하지 않는 물건("아니오"를 목표로)을 앞에 보이며 "이거 줄까?"라고 묻는다.	상황에 맞게 "예" 혹은 "아니오"라고 말한다.	아이가 말한 대로 물건을 주거나 혹은 치운다.
8	주변 사람이 "A 줄까 아니면 B 줄까?" 하면 아이는 어떻게 합니까? – 선택의문문에 적절히 대답한다.	선호하는 물건(A)과 비선호하는 물건(B)을 보이며 "A 줄까 B 줄까?" 하고 묻는다.	상황에 맞게 "A(혹은 B) 주세요."라고 말한다.	즉시 선택된 물건을 준다.
9	아이가 의문문을 사용해서 질문합니까? – 의문문을 사용해서 필요한 정보를 맨드한다.	목표의문문에 따라서 상황을 설정한다. 예를 들어서 작업이나 놀이의 완수를 위해 필요한 물품들 중 하나를 숨김으로써 "(물건)어디에 있어요?"를 목표로 삼는다.	상황에 맞는 의문문을 말한다.	즉각 구두로 혹은 실제적인 대답을 제공한다.

〈표 5.2〉를 보면 맨드의 각 목표 유형이나 반응수준에 따라 하나의 런유닛이 포함하는 각 요소, 즉 교사가 설정하는 선행조건 A, 아이의 반응 B, 그리고 그 결과인 C가 달라지는 것을 알 수 있다. 런유닛의 A와 C는 교사의 반응으로 하나의 런유닛을 전달하기 위해 교사가 해야 할 항목이고, B는 아이가 보이는 목표행동으로 A와 C에 의해 형성되고 유지된다. 즉, 목표 맨드인 ABC를 런유닛을 통해 반복적이고 체계적으로 경험시킴으로써 그런 유닛을 구성하는 ABC와 일치하는 목표 ABC를 지도하는 것이다. 교사에 의해 정확히 A와 C가 제시되었을 때 보이는 아이의 반응인 B의 정 · 부정에 따라 자료지에 (+) 혹은 (−)로 기록한다.

목표 맨드 유형들을 선정하고 교수 계획을 수립하는 데 있어 아이의 필요성과 환경에 따라 개별화하는데, 평가 목표항목 중 1번과 3번은 기본적인 유형에 해당하고, 한 아이가 1번에서 시작해서 7번, 8번, 그리고 9번까지 도달하기 위해서는 많은 시간이 필요한 경우가 대부분일 것이다. 또한 관련 인지능력이 함께 형성되어야 한다. 특히 의문사를 이용해서 의문문을 구사하는 경우는 필요한 정보를 맨드하는 경우로, 맨드의 최종적인 목표행동이다.

원하지 않는 상황이나 사건 그리고 사물을 적절하게 거부하는 것도 하나의 맨드이다. 이러한 유형의 맨드를 원활히 사용하도록 교육하는 것은 문제행동 발생의 예방에 중요한 역할을 한다. 대부분, 문제행동을 보이는 개인에게 있어 그 문제행동이 가장 효율적인 의사소통도구일 수 있기 때문이다. 사회적으로 적절한 방법으로 원하지 않는 것을 거부하고 거절하는 것, 그리고 원하는 것을 표현할 수 있는 능력 형성이 맨드훈련의 중요한 목표이다.

4

맨드훈련 대상 아이템의 선택

앞표의 런유닛 중 선행자극인 A에서 나타난 공통적 특성이 있다. 바로 아이가 특정 언어 형태가 나타내는 사물이나 사건 · 상황에 결핍 상태인 것이다. 즉, 맨드를 교수하기 위해서는 그 목표 물건 및 상황을 원하는 상황을 만들어야 한다. 예를 들어, 아이가 과자가 먹고 싶고 그것을 원하는 상황에서 "과자"라는 음성언어를 써서 맨드를 교수하였다. 그러나 여러 번에 걸쳐 같은 과자를 습득하게 되었고 곧 아이는 과자를 더 이상 먹고 싶지 않게 되었다. 더 이상 그 과자에 결핍 상태가 아니기 때문이다. 이러한 상황에서는 "과자"라는 음성언어를 목표로 맨드훈련을 할 수 없다. 맨드의 선행조건인 결핍 상태가 형성되어 있지 않기 때문이다. 따라서 집중적인 맨드훈련을 할 때는 반드시 여러 항목의 선호하는 과자, 장난감, 상황 등을 준비해야 한다.

음성맨드훈련을 시작하기 전에 아이가 말할 수 있는 단어나 소리를 관찰해서 기록한다. 아이가 이미 몇몇 단어를 이용하여 맨드하고 있다면, 사용하는 맨드를 좀더 안정적으로 사용하도록 하면서 맨드 수를 늘리거나, 혹은 기존 맨드의 발화길이를 늘리는 것으로 맨드 교수를 시작한다. 아이가 음성맨드를 보이지 않지만 다양한 소리를 내고 있다면, 그 소리를 이용해서 맨드를 가르칠 아이템을 선택하면 더 성공적으로 최초의 음성 맨드를 유도할 가능성이 커질 수 있다. 예를 들어, 아이가 "우" 소리를 낸다면, "우유"를 맨드하도록 가르친다.

5

맨드훈련 시작!

이제 본격적으로 맨드훈련을 시작해 보자. 초기 단계에서는 2개 정도의 과자(예 : 고래밥, 감자칩)와 2개 정도의 장난감을 동시에 목표로 해서 그중 아이가 결핍 상태에 있는 물품을 순간적으로 포착하여 맨드훈련을 진행해야 한다. 표에 제시된 맨드 데이터 기록지를 이용해서 맨드를 가르치는 것을 연습해 보자.

예를 들어, 아이가 고래밥을 먹고 싶은 상황을 이용해서 "고래밥"이라는 말을 첫 음성언어로 가르친다고 가정해 보자. 이 아이는 아직 아주 초기 단계의 맨드훈련과정에 있어서 에코익이라는 촉구를 사용할 것이다. 에코익? 제4부에서 설명하였다. 간단하게 엄마가 "고래밥"이라고 말하면, 아이는 "고래밥"이라고 따라서 말하는 행동이다. 이렇게 말을 따라 하면 고래밥을 준다. 그렇다고 계속 에코익이라는 행동에 강화를 줄 수는 없다. 우리의 목표는 고래밥을 보여 줬을 때 스스로 "고래밥"이라고 말하며 요구하는 행동을 가르치는 것이다. 그래서 몇 개의 런유닛은 에코익을 통해서 진행하고 아이가 잘 따라서 말할 때 스스로 "고래밥"이라고 말하는 진짜 맨드훈련을 실시하는 과정을 보여 줄 것이다. 아이가 맨드 런유닛에서 부적 반응을 지속적으로 보여 줄 때에는 다시 에코익을 이용한 런유닛으로 돌아간다. 그리고 에코익을 이용하여 런유닛을 진행하고, 아이가 잘 따라서 말할 때 다시 맨드 런유닛으로 돌아간다. 구제적인 방법은 다음과 같다.

a. **먼저 아이가 고래밥 과자를 원하는 상태를 조성한다. 고래밥을 눈에 띄지 않는 곳에 두었다가, 아이가 먹고 싶어 하는 결핍 상태를 조성한 후 고래밥을 아이 앞에 보여 준다.**
b. **아이가 고래밥에 주의를 집중하면 엄마 · 교사가 "고래밥" 하고 말하며 촉구(prompt)를 준다.**
c. **아이가 "고래밥"이라고 따라 하면(에코익) 즉시 고래밥을 하나 준다. 한 번의 에코익을 이용한 런유닛이 완성되었다.**
d. **엄마 · 교사의 시범에 따라 촉구된 행동이기 때문에 데이터 기록지에 (P)라고 기록한다.**
e. **아이가 고래밥을 먹었다. 또 하나의 런유닛을 제공한다. 즉, 아이가 고래밥에 주의를 집중할 때, 엄마 · 교사는 "고래밥"이라고 말한다.**
f. **아이가 따라 하면 즉시 고래밥을 주고 (P)라고 표기한다.**
g. **만약 아이가 3초 안에 따라 하지 않으면 다시 한 번 시범을 – 고래밥을 보이며 "고래밥"이라고 말하는 방식으로 – 보여 준다. 아이가 반응하지 않으면 한 번 더 에코익을 주고 3초 동안 기다린다. 아이가 반응하지 않거나 목표 음성반응과 다른 음성반응을 보이면 고래밥을 잠시 아이의 시야 밖으로 보이지 않게 하고, 잠시 딴 곳을 봄으로써 후속결과를 전달한다. 즉, 정확하지 않는 반응에 대한 엄마 · 교사의 후속결과는 잠깐 동안**

의 '의도된 무시' 인 것이다. 이때 가급적 다른 말이나 눈 맞춤을 하지 않는 것이 좋다. 이것이 의도되지 않은 강화제로 기능할 수 있기 때문이다. 데이터 기록지에 (−)라고 표기한다.

h. 아이가 계속적으로 반응하지 않거나 부적 반응을 보이면 아이가 고래밥을 정말 원하고 있는지를 점검한다. 아이가 고래밥을 원하는 것을 확인한 후 앞에 설명한 대로 반복한다.

i. 아이가 3번 연속 에코익 촉구를 이용한 런유닛에 정반응을 보이면 독립적으로 맨드를 위한 런유닛을 제공한다.

j. 아이가 집중하면 고래밥을 보이며 3초 기다린다.

k. 3초 이내에 "고래밥"이라고 말하면, 고래밥을 준다. 그리고 기록지에 (+)라고 기록한다.

l. 3초 이내에 "고래밥"이라고 말하지 않으면 고래밥을 잠깐 아이의 시야 밖으로 보이지 않게 하고 시선을 돌린다. 다시 고래밥을 보여 주며, 엄마 · 교사가 "고래밥"이라고 시범을 보인다. 아이가 따라 하게 한다. 기록지에 (−)라고 표기한다.

m. 한 번 더 독립적으로 반응할 런유닛을 제공한다. 아이가 두 번 연속 독립적 맨드 기회에 부적 반응을 보이면 다시 에코익 촉구를 이용한 런유닛으로 돌아가서 에코익을 제공한다. 방법은 a부터 b까지 방법을 따른다.

n. 아이가 3번 연속 촉구를 통해 정반응을 보이면 다시 독립맨드 기회를 제공한다. 아이가 두 번 연속 부적 반응을 보이지 않는 한 계속 독립맨드 기회를 제공한다.

o. 지금까지 설명한 대로 촉구맨드(prompted mand)와 독립맨드(independent mand)를 번갈아 20개의 런유닛을 제공하면 한 세션이 끝났다. 촉구맨드는 흰색 점으로, 독립맨드는 검은색 점으로 그래프에 표기한다. 여러 세션이 진행됨에 따라 독립맨드가 증가하는지 모니터한다. 아이가 연속적으로 10번의 독립맨드를 하거나 20번의 런유닛 중 18번 이상 독립맨드를 보이면 그 "고래밥"을 맨드하기를 습득한 것으로 볼 수 있다.

p. 습득한 언어 형태인 “고래밥”은 자연스러운 맥락이나 교수 상황이 아닌 일반화된 상황에서 두 번 이상 맨드하면 일반화된 것으로 간주한다.

이러한 방법을 이용하여 〈표 5.3〉과 같이 데이터를 얻었다.

표 5.3 데이터 기록지 예시

목표행동 : ‘고래밥’, ‘비눗방울’, ‘자동차’

런유닛 시도	고래밥		비눗방울		자동차	
	E	M	E	M	E	M
1	P		P		P	
2	–		P		P	
3	P		–		–	
4	P		P		P	
5	–		P		P	
6	P		P		P	
7	–			–		+
8	P			+		+
9	P			–		+
10	P			–		–
11		–	P			–
12		–	P		P	
13	P		P		P	
14	P			–	P	
15	P			+		–
16		+		–		+
17		–		–		–
18		+	P			+
19		–	P			–
20		+	P			–
정반응	10	3	11	2	8	5
날짜	8/12		8/12		8/12	

표 5.3 데이터 기록지 예시(계속)

목표행동 : '고래밥', '비눗방울', '자동차'

런유닛 시도	고래밥		비눗방울		자동차	
	E	M	E	M	E	M
1		−		+	P	
2		+		+	P	
3	P		−		−	
4	P			+		+
5	−			−		−
6	P			−		+
7	P		P			−
8	−		P			+
9	P		P			+
10	P			+		−
11	P			+		−
12		+		+	P	
13		−		−	P	
14		+		+	P	
15		+		+		+
16		+		+		−
17		+		+		+
18		+		+		−
19		+		+		+
20		+		+		+
정반응	6	9	3	13	6	8
날짜	8/14		8/14		8/14	

〈표 5.3〉에 제시한 데이터 기록지에 한 아동이 처음으로 에코익을 통한 맨드훈련을 받는 상황을 가상으로 구성해 보았다. 이는 런유닛을 통해 구조적이고 반복적인 교수 형태의 전형적인 맨드훈련 상황이다.

표 5.3 데이터 기록지 예시(계속)

목표행동 : '고래밥', '비눗방울', '자동차'

런유닛 시도	고래밥		비눗방울		자동차	
	E	M	E	M	E	M
1		+		+		+
2		−		+		+
3		+		+		−
4		+		+		+
5		−		+		−
6		+		+		+
7		−		−		+
8		+		+		+
9		+		−		+
10		+		+		+
11		+		−		+
12		+		+		+
13		+		+		+
14		−		+		+
15		+		+		+
16		+		+		+
17		−		+		+
18		+		+		+
19		+		+		+
20		+		+		+
정반응	0	16	0	18	0	18
날짜	8/15		8/15		8/16	

〈표 5.3〉에 제시된 사례는 20개의 런유닛으로 이루어진 세션이 6번 반복되는 동안에 하나의 언어 형태인 "고래밥"을 맨드의 기능을 통해서 습득하는 상황을 나타내고 있는데, 실제로는 아이의 선제능력이 얼마나 갖추

어지느냐에 따라 필요한 런유닛 수가 달라질 수 있고, 에코익을 제공하는 빈도도 개별화할 수 있다. 언어가 지체된 아동의 경우, 여기에서 제시한 예보다 훨씬 더 반복적이고 구조적인 교수를 실시해야 할 수도 있다. 준거기준도 아이의 학습 속도에 따라서 개별화할 수 있다(예 : 10번 연속 정반응 혹은 20개의 런유닛으로 이루어진 한 세션 동안 18번 이상의 정반응을 두 세션 동안 보이면 준거에 도달한 것으로 간주할 수도 있다.).

〈표 5.3〉에서 제시된 사례에서는 결핍 상태에 있는 목표 아이템을 3~4개 정도 확보했다. 고래밥, 비눗방울, 자동차가 교수 목표로 선정된 맨드 아이템이다. 표의 (E)는 에코익을, (M)은 맨드를 뜻한다. 에코익 촉구를 이용한 런유닛에 대한 아이의 반응은 (E) 아래에 기록하고, 독립맨드를 위한 런유닛에 대한 반응은 (M) 아래에 기록했다. 에코익을 촉구로 사용하는데, 앞에 설명한 대로 촉구를 제공해서 맨드를 이끌어 낸다. 앞에서 설명한 대로 촉구를 체계적으로 3번 연속 촉구로 인해 정반응이면 독립맨드 런유닛으로 넘어갔다. 두 번 연속 독립맨드 런유닛에 아이가 부적 반응을 보이면 다시 에코익 촉구를 이용한 런유닛으로 돌아갔다.

〈표 5.3〉에서 보면 고래밥, 비눗방울, 자동차를 위한 하나씩의 세션이 8월 12일에 이루어졌다. 동기적 맥락이 형성되지 않거나 아이가 집중하기 어려워하면 잠시 중단한다. 그리고 8월 13일에 다시 맨드훈련을 시작하여 '고래밥' 을 훈련할 수 있었고, 8월 14일과 15일에 아이가 원하는 아이템을 따라서 더 많은 맨드훈련 세션을 실시할 수 있었다. 약 3~4일 혹은 맨드훈련 빈도에 따라 일주일 이상 시간이 지나면 아이가 전에 배운 것을 잊을 수 있기 때문에 정확한 데이터 측정을 위하여 새로운 세션을 시작해야 한다.

이 아이는 '고래밥' 을 가장 선호하여 '고래밥' 을 먼저 완료했다. 이후로 고래밥은 맨드훈련 중에는 제공하지 않는다. '비눗방울' 이나 '자동차' 나

다른 선호 아이템을 집중적으로 교육하여 그 아이템을 완료하도록 해야 한다. 제시된 데이터 기록지는 아이가 처한 순간적 유인력에 따라 아이템을 바꾸어 가며 맨드를 훈련한 상황을 말해 주고 있다. 그래프에는 세션별로 자료를 표기한다.

여기서 잠깐! 그래프를 그리는 것을 잊지 말자! 모든 데이터는 그래프에서 보기 쉽게 분석할 수 있다. 앞에서 설명한 대로 '고래밥', '자동차', '비눗방울' 반응별로 20 런유닛 그래프를 만들자. 한 가지 다른 점은 촉구단계에서 에코익을 사용하였다. 에코익을 사용했을 때 아이가 정반응을 보인 횟수는 속이 흰 점으로 표시하고 흰 점은 흰 점끼리 점선으로 표시한다면, 더욱 구분하기 쉬운 그래프가 된다.

〈그림 5.1〉의 그래프에서 볼 수 있듯이 촉구반응은 감소하고 독립맨드가 증가하여 완료하는 변화를 보여 주면, 아이가 목표맨드를 잘 배우고 있다는 것이다. 하지만 언어지체를 보이는 아동 중 많은 경우에 오랜 맨드훈련이 실행되는 동안 독립맨드단계로 이동할 기회를 결코 만들지 못하기도 한다. 여기 예에서 보인 것보다 훨씬 많은 수의 런유닛을 제공한 후에야 겨우 첫 에코익 촉구에 정반응을 보이는 경우가 많다. 이런 경우에는 따로 별도의 절차가 필요할 것이다. 대부분 정확한 발화 대신 그 근사치(approximation)를 목표로 할 수 있다. "고래밥"이라고 정확하게 말하지 않아도, "고래" 심지어 "고"라고 맨드하는 행동을 강화함으로써 우선 맨드의 기능을 습득시킨다. 그리고 점차 더 정확하게 말할 때 강화를 주는 것으로 교육을 진행할 수 있다.

추가적으로 맨드훈련 중에는 다음 사항을 고려해야 한다.

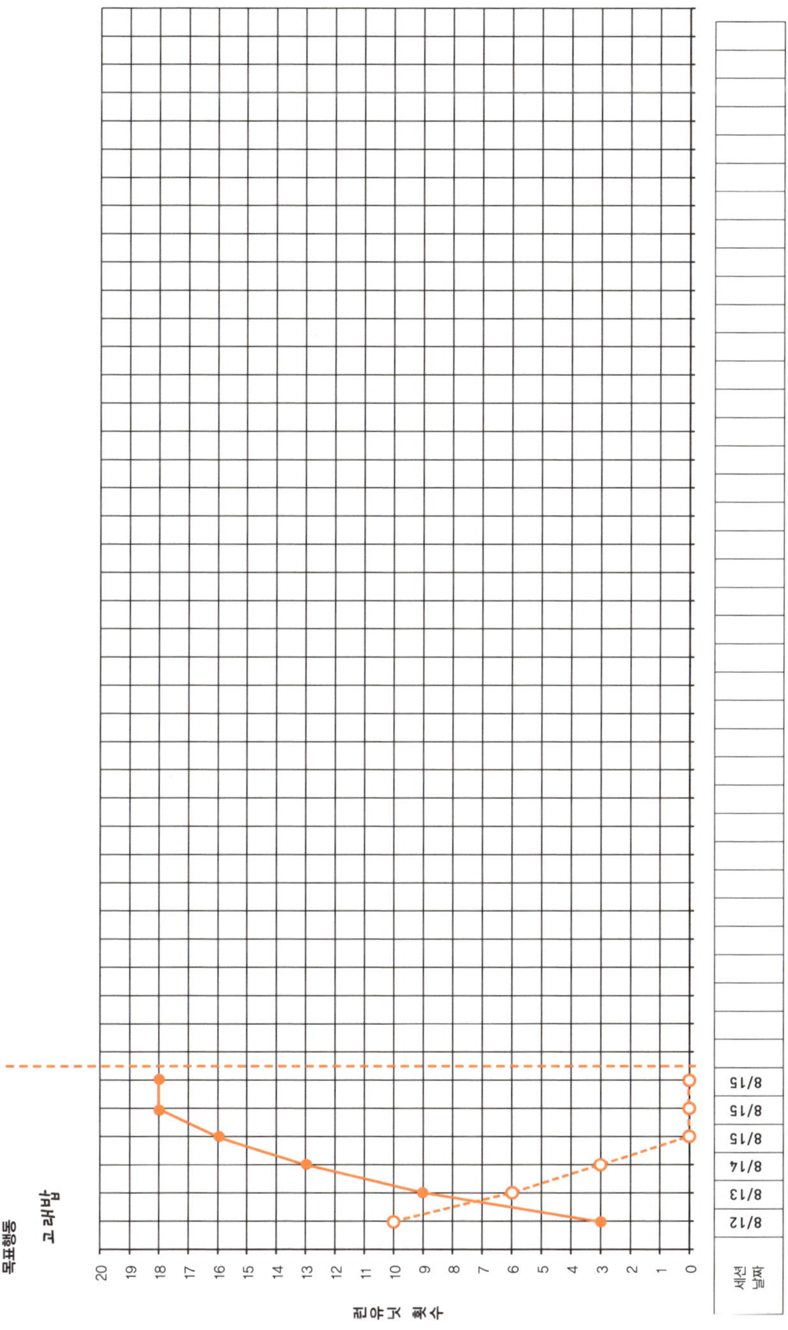
목표행동
고래밥
맨드 횟수
20 19 18 17 16 15 14 13 12 11 10 9 8 7 6 5 4 3 2 1 0
세션 날짜
8/12
8/13
8/14
8/15
8/15
8/15

그림 5.1 맨드 그래프 예

a. 칭찬은 하지 않도록 한다. 아이가 고래밥을 원해서 "고래밥"이라고 말하고 그 보상으로 고래밥을 얻는 것이 맨드이다. 즉, 고래밥을 얻는 것 자체로 강화가 일어났기 때문에 따로 칭찬을 해서 그 언어행동을 강화할 필요가 없다. 이렇게 행동원칙을 따라 훈련하는 것이 후에 실제로 그 언어행동이 필요할 때 일반화가 일어나는 것을 돕는다.

b. 같은 원리로 맨드훈련 초기 단계에서는 "뭐 줄까?"라는 말을 하지 않도록 한다. 후에 아이가 원활히 몇몇 아이템을 맨드할 때 "뭐 줄까?"라는 말에 반응하는 것을 가르치기 시작한다. 이는 자발적인 맨드를 가르치기 위해서이다. 아이가 타인이 "뭐 줄까?" 하고 물을 때만 맨드하는 상황을 피하기 위해서이다.

c. 아이가 눈 맞춤을 평소에 잘하지 않을 때는 맨드훈련 중 눈 맞춤을 하면서 맨드하도록 함으로써 타인과 눈 맞춤을 하는 것과 맨드 상황이 동시에 일어남으로써 눈 맞춤 행동의 조건화를 통해 증가시킬 수 있다.

6

맨드의 확장

엄마 "아이가 하나의 단어를 이용하여 맨드하는 것은 너무 쉽게 배우는 것 같아요. 좀더 많은 것을 아이에게 가르치고 싶은데…."

닥터 최 "좋아요! 세상은 넓고 가르칠 것은 많습니다. 맨드를 더 심층적으로 가르쳐 봅시다."

기본적인 맨드교육을 통해서 아이의 맨드 사용 단어 수가 늘어나고 몇 개의 런유닛만으로도 새로운 맨드를 습득하는 아이의 경우, 기본 단어에 수식어 혹은 꾸밈어를 붙여서 맨드의 길이를 확장한다. 처음에는 "고래밥"이라고 말하기만 해도 고래밥을 얻을 수 있었다면, 이제는 "고래밥 주세요." 혹은 "엄마, 고래밥 먹게 해 주세요."처럼 완전한 문장을 이용한 맨드를 교육하는 것이다. 이러한 경우에는 "고래밥 주세요."라고 말했을 때만 강화제인 고래밥을 준다. 처음에 에코익 촉구로 시작해서 정반응의 가능성을 키움으로써 아이가 좀더 쉽게 배울 수 있도록 해 줄 수도 있다.

맨드로 사용하는 단어가 다양해지고 수식어가 늘어남으로써 자연스럽게 음성언어능력이 형성되고 발전하기를 기대해 본다. 발화의 길이를 늘이는 동시에 맨드훈련을 구조화된 런유닛 형태에서 벗어나 좀더 자연스러운 맥락에서 이루어지도록 하는 것 역시 중요하다. 일상생활에서 아이가 좋아하는 비눗방울놀이를 하면서 막대를 갖기 위해 맨드하게 할 수도 있다. 공작놀이를 하면서 풀, 반짝이 등 필요한 물건들을 맨드하게 할 수 있다. 가정환경에서 수많은 맨드 환경을 접할 수 있다. 이 기회를 부지런히 이용하자. 자연적 교수 상황 설정은 부모의 부지런함에 달려 있다. 이러한 자연적 교수 형태에서도 런유닛을 부지런하게 제공하고 데이터를 기록하며 그래프를 그리는 것을 잊지 말자.

엄마 "음……. 생각보다 복잡한 거 같아요."

닥터 최 "자, 겁먹지 맙시다. 조그만 익숙해지면 데이터를 기록하고 그래프를 그리는 자신의 모습을 보게 될 것입니다. 가장 중요한 것은 엄마가 먼저 교육전문가가 되는 것입니다. 교육전문가로서 이 정도는 해야 하지 않을까요?"

엄마 "아이를 위해서 무슨 노력을 못하겠습니까?"

닥터 최 "Amazing! 엄마의 능력은 끝이 없습니다. 파이팅!"

닥터 최가 되기까지

안녕, 프란체스카

한국에 〈안녕, 프란체스카〉라는 시트콤이 있었다. 미국에 와 보니, 같은 이름을 가진 아이들이 꽤 있었다. 우리 반에 말 못하는 흑인 여자아이도 프란체스카라는 이름을 가지고 있었다. 유치원생인데도 말을 하지 못했다. 3개월을 지지고 볶으며 가르쳤다. 어느 날 스키들(skittle)을 보고 그 사탕을 달라며, "스키들"이라고 말하기 시작했다. 내가 그 꼬마에게서 들은 첫 단어였다. 피 한방울 섞이지 않았으며, 피부색도 다른 아이가 나에게 말을 해도 이렇게 기쁜데, 말을 하지 않던 딸이 말을 했을 때의 엄마의 감동은 어디에 비유하겠는가. 작은 언어행동 하나가 인생에 가장 큰 감동을 줄 수 있다.

참고문헌

1) Skinner, B. F. (1957, p. 35-36). *Verbal behavior*. Acton, MA: Copley Publishing Group.

2) Greer, R. D., & Ross, D. E. (2008). *Verbal behavior analysis: Inducing and expanding new verbal capabilities in children with language delays*. Boston: Person Education, Inc. 박혜숙, 최진혁, 김정일 역(2011). 『언어행동분석』(서울: 시그마프레스)

PART 6

로버트를 사랑해–
사회성 발달에 중요한 택트교육!

엄마 "아이가 맨드를 시작했어요. 무엇을 더 가르칠 수 있을까요?"

닥터 최 "맨드와 함께 언어발달의 중요한 요소가 택트입니다. 사회적 강화를 얻는 중요한 언어행동이기 때문입니다. 자, 이제 택트 교육을 시작해 봅시다!"

새 학기가 시작되고 자폐와 ADHD를 가진 3학년 남자아이 로버트가 들어왔다. 분명 에코익도 잘하고, 맨드도 곧잘 한다. 하지만 사회성 발달의 중요한 요소가 발달되지 않았다. 사회성이라는 것은 칭찬 및 관심과 같은 사회적 강화를 통해서 발달하는데, 사회적 강화를 얻는 가장 기초적인 언어행동이 택트(tact)이다. 1년이 넘는 동안 나와 보조교사들은 로버트의 택트를 집중적으로 가르쳤다. 가족, 친구, 교사, 과일, 음식 이름 등 다양한 종류의 택트를 가르쳤고, 매일 100번이 넘는 택트 런유닛을 제공하는 택트집중훈련[1]도 실시하였다. 점차 로버트는 사회적 강화를 얻는 방법을 습득하기 시작하였고, 일반적인 상황에서도 조금씩 자신의 환경에 있는 여러 물건의 이름을 말하기 시작하였다. 또한 모르는 물건의 이름을 물어보기도 하였다.

이와 같이 택트라는 언어행동은 사회적 강화를 습득할 수 있는 가장 중요한 행동이며, 자신의 환경과 접촉하는 방법이 된다. 자, 위대한 엄마들이여! 택트에 대하여 알아보자.

1
택트

택트는 사회적 사회작용과 관련 있는 언어행동이다. 택트는 환경과의 '접촉'이라는 의미의 'contact'에서 파생되었는데,[2] 환경 속에서 오감을 통해 인지한 것을 타인에게 언어행동을 통해 공유하게 된다. 또한 택트는 타인의 관심이나 공감을 얻는 것에 의해 유지된다. 맨드는 아이가 성장하면서 자신의 필요나 요구를 충족하기 위해, 혹은 불쾌한 상황에서 벗어나기 위해 사용하는 언어행동이어서 대부분 아이가 가장 먼저 습득하는 언어행동이다. 반면, 택트는 좀더 복잡한 언어행동발달의 중요한 언어행동이라고 할 수 있다. 또한 택트는 아이가 사회화되어 가는 과정에서 필수적인 언어행동이고, 사회적 관심이나 반응성 등이 충분히 형성되어 있지 않으면 습득된 택트가 사회적 맥락에서 일반화되기 어려울 수 있다. 우선 ABC를 통하여 기초적인 택트반응을 알아보자.

택트의 선행자극 A는 아이가 인지한 사물이나 사건 혹은 상황이다. 그에 대한 반응인 행동 B는 그 이름을 청자에게 말하는 것이다. 그 행동에 대한 후속결과 C는 자신의 택트를 들은 청자의 관심이나 공감 · 칭찬과 같은 사회적인 반응이다. 아이가 택트를 하게 하는 동기적인 맥락인 유인력은 타인의 관심과 같은 사회적 욕구와 관련이 있고, 따라서 택트를 강화하고 유지시키는 것은 칭찬이나 맞장구와 같은 사회적 관심이다.

또한, 택트교육은 항상 지속적으로 일상생활 속에서도 이루어져야 한다. 아이가 길에 보이는 어떤 사물의 이름을 말할 때 즉각적으로 강화를 해주어야 한다. 그림동화책에서 보이는 등장인물의 이름을 말할 때, 텔레비전에 나오는 만화 주인공의 이름을 말할 때, 집안에서 보이는 사물의 이름을 말할 때와 같이 수많은 택트교육의 기회를 놓치지 말아야 한다.

2
택트능력평가

맨드교육과 마찬가지로 모든 데이터 만들기의 시작은 관찰하기와 목표행동목록 만들기로 시작한다. 또한 엄마는 아이의 택트능력 수준을 평가해야 할 것이다. 본격적으로 택트훈련을 시작하기에 앞서 우리 아이의 언어능력이 어느 정도 발달해 있는지를 평가해 보자. 〈표 6.1〉을 이용하여 아이의 택트능력수준을 수집하자. 〈표 6.1〉에는 목표 택트와 그 교수를 위한 ABC가 제시되어 있다.

표 6.1 목표 택트와 교수를 위한 ABC의 예

평가 항목	아이 능력 평가사항 및 훈련 목표	런유닛		
		A : 선행자극 (엄마 · 교사의 행동)	B : 반응 (아이의 반응 : '+' 혹은 '-')	C : 후속결과 (엄마 · 교사의 행동)
1	아이가 집안이나 길거리에서 구체적인 사물을 보고 그 이름을 말합니까?	사물을 내보이거나 손가락으로 가리킨다.	엄마 · 교사를 보며 사물의 이름을 말한다.	"그렇지.", "똑똑해라." 등의 칭찬과 함께 좋아하는 과자나 장난감을 준다. 점차 과자나 장남감은 주지 않고 칭찬만으로 택트가 유지되도록 한다.
2	아이가 그림책을 보고 동물, 교통수단, 만화 인물 등의 이름을 말합니까?	책을 보며 사물을 손가락으로 가리키고 아이를 본다.	엄마 · 교사를 보며 사물의 이름을 말한다.	칭찬과 강화제를 준다.
3	아이가 1, 2번 항목의 사항을 수식어(색깔, 모양, 숫자 등)를 써서 말을 합니까?	그림카드나 책, 혹은 실제 사물을 제시한다(처음에는 에코익 촉구를 준다.).	엄마 · 교사를 보며 수식어를 붙여서 제시된 사물을 말한다.	칭찬과 같은 사회적 관심을 보인다.
4	아이가 동작을 보면 그 동작을 말로 묘사합니까?	동작을 해 보이며, 혹은 그림카드, 사진 등을 보여 주며 눈짓을 하거나 손가락으로 가리킨다.	엄마 · 교사를 보며 동작을 말한다(사람을 가리키는 대명사를 붙여서 말하도록 할 수 있다.).	칭찬과 같은 사회적 관심을 보인다.
5	아이가 실제 인물의 표정이나 책에 표현된 감정을 말합니까?	표정을 보이거나 그림에 나타난 표정을 보여 준다.	표정을 보고 어떠한 표정인지 말한다("행복하다."). 대명사를 연습할 수 있다.	칭찬과 같은 사회적 관심을 보인다.
6	아이가 전치사를 써서 사물의 위치와 함께 사물을 묘사합니까?	사물을 책상 위에 놓고 아이를 보며 손가락으로 가리킨다. 후에는 "자동차 어디 있지?"라고 묻는다.	"자동차가 책상 위에 있어요."라고 엄마 · 교사를 보며 말한다.	칭찬과 같은 사회적 관심을 보인다.
7	아이가 날씨에 대해서 말을 합니까?	날씨가 묘사된 그림카드나 책을 가리킨다.	엄마 · 교사를 보며 날씨를 묘사한다.	칭찬과 같은 사회적 관심을 보인다.
8	아이가 어제 일어난 일이나 학교에서 일어난 일을 과거시제를 써서 말을 합니까?	"어제 저녁에 뭐했지?" 혹은 "학교에서 누구랑 점심 먹었니?"	엄마 · 교사를 보며 과거에 일어난 일을 과거시제를 써서 말한다.	칭찬과 같은 사회적 관심을 보인다.

〈표 6.1〉에 나타난 항목 외에도 일반적인 상황 속에서 택트하는 것이 중요하다. 아이의 필요에 따라서, 아이의 교과과정에 따라서 선정할 수 있다. 택트를 유지하는 환경적인 요인은 사회적 관심이라고 설명했다. 하지만 칭찬 등에 관심이 없는 아이에게는 칭찬이 강화제로 기능하지 않는 경우가 많다. 이러한 경우에는 처음에는 아이가 택트를 하면 좋아하는 과자나 장난감을 칭찬과 함께 강화제로 제공해야 한다. 그리고 점차적으로 칭찬과 같은 사회적 강화로 옮겨야 한다.

택트 대상은 처음에는 아이가 일상생활에서 가장 흔히 접하는 일반적인 사물로 시작한다. 그리고 그 대상의 영역을 점차 추상적인 대상(날씨, 기분)으로 넓혀가도록 교육목표를 발전시켜 나간다. 추상적인 대상으로 옮겨가기 전에 구체적인 사물을 대상으로 방대한 양의 택트를 구축하는 것이 중요하다. 또한 능숙하게 택트반응을 보이도록 교육해야 한다. 이는 후에 독해나 원인 · 결과 인식과 같은 복잡한 인지활동에 영향을 주기 때문이다.

처음에는 실제 사물을 가지고 택트교육을 실시하거나 아이와 함께 집안을 돌아다니며 사물들을 택트하도록 지도한다. 곧 그림카드를 이용한 택트훈련을 시작할 수 있는데, 이는 효율적으로 짧은 시간 안에 방대한 택트를 교육하는 데 유용할 것이다. 이후에 능숙훈련(fluent training) 그림카드의 이용이 도움이 된다. 태블릿 PC를 사용하는 방법도 좋고, 아이와 함께 책을 보며 자연스러운 맥락에서 택트를 할 수도 있다.

3
초기 택트의 훈련 대상 선택

아이가 어떤 사물의 이름을 말하는지 관찰하고 기록한다. 일상적으로 접하는 일반 사물부터 목표로 하여 다음에 설명하는 대로 영역을 넓혀간다. 반드시 광범위하게 구체적인 사물을 대상으로 하는 택트를 구축한다. 이제 막 맨드기능 속에서 몇몇 단어를 습득하기 시작한 아동을 위해서는 주변 사물부터 시작할 수 있다. 예를 들어, 집에서 쉽게 볼 수 있는 책, 자동차(장난감), 컵, 숟가락 등 테이블에 앉아서 쉽게 다룰 수 있는 실제 사물들을 대상으로 하여 택트를 형성한다.

아이가 실제 사물을 택트하는 수가 늘어나면, 동시에 아이가 흥미를 갖는 영역(가축, 동물원에 사는 동물, 교통수단, 음식 등)에서 그림카드를 이용한 교수 프로그램을 실행한다. 즉, 아이를 데리고 다니면서 집안의 사물(침대, 베개, 이불, 신발, 싱크대)을 택트하도록 하는 교수 프로그램을 운영하는 동시에 그림카드, 그림책을 이용한 택트를 병행할 수 있다.

4

택트의 확장

택트를 습득하는 단계는 아이가 환경 속에서 가장 가까이 접하는 사물에서부터 시작하여 영역을 넓힘과 동시에 대상도 구체적인 것에서부터 추상적인 아이템으로 옮긴다. 다음과 같은 순서를 따를 수도 있다.

a. 집안의 사물 : 장난감, 컵, 수저, 우유, 책 등
b. 학교의 사물 : 책상, 의자, 블록, 퍼즐 등
c. 가족, 동물, 교통수단, 식물, 음식, 옷 등
d. 색, 모양
e. 동작, 감정
f. 날씨
g. 방과 후 학교에서 한 활동이나 주말 중과 같은 과거 사실

물론 제시한 순서는 하나의 예이기 때문에, 아동의 수준에 따라 가족 인원을 우선적 학습 대상으로 선택할 수 있고, 색이나 모양은 구체적인 사물과 함께 목표로 할 수 있다(예 : 빨간 자동차, 네모난 상자 등). 아이의 흥미를 따라서 선택할 경우 동기 부여에 도움이 된다. 또한 이와 같이 영역을 넓혀 감과 동시에 발화의 길이를 넓혀 간다. 즉, 색, 모양, 수사, 그 밖의 수식어를 기본 단어에 첨가한다. 한 단어에서 구문으로, 그리고 문장으로 확장함과 동시에 대명사 사용, 시제의 적절한 사용, 형용사 사용 등 점진적으로 문장의 형태와 내용의 복잡성을 늘린다.

표 6.2 택트 확장의 예

1. 한 단어(자동차)
2. 형용사를 이용한 택트(빨간 자동차)
3. 문장을 이용한 택트(저기 빨간 자동차가 있어요.)
4. 더 많은 수식어를 첨가한 문장을 이용한 택트(저기 길 건너편에 빨간 자동차가 있어요.)

5

초기 택트 교수 사례

보통 아이가 3~4개 아이템을 맨드할 수 있으면, 택트를 시작하여 맨드와 택트를 동시에 확장시켜 나간다. 가끔 아이가 선호하는 아이템의 수가 극히 제한적이어서 맨드를 통해 음성언어 수를 늘리기가 용이하지 않으면, 택트를 이용해서 사용 가능한 음성언어 수와 그 길이를 확장한다. 처음으로 택트를 습득하는 아이를 예로 들어 보자. 처음에 4개의 구체적인 사물을 선택한다. 아직 음성택트가 형성되어 있지 않으므로 '자동차', '책', '컵' 을 선택했다. 아이템별로 3~4개의 조금씩 다른 예를 수집한다. 택트 교수를 준비할 때는 반드시 1개의 목표 단어를 위해 다수(3~4개)의 예를 확보해서 사용해야 한다. "자동차"를 가르치기 위해 각기 다른 색 · 모양의 자동차 장난감을 3~4개 준비해서 번갈아 제시하는데, 이때 자료 수집은 사물별로 개별적으로 한다 — 장난감, 책, 컵 등을 따로 수집.

목표 언어행동은 사물이 제시되었을 때 그 사물의 이름을 한 단어로 말하는 것이다. 교수방법은 에코익을 통한 택트로, 에코익을 통한 맨드교육 절차와 비슷하다.

a. 아이가 좋아하는 과자, 장난감을 여러 가지 준비해서 가까운 곳에 놓는다. 아이가 교사에게 주의를 기울이면 목표 아이템 중 하나인 자동차를 들어 보이고 "자동차"라고 말하며 에코익 촉구를 준다.
b. 3초 대기한다.
c. 3초 안에 "자동차"라고 따라 하면 즉시 크게 칭찬을 하고 기뻐해 주며 좋아하는 과자를 준다. 데이터 기록지에 (P)라고 표기한다. 3초 안에 따라 하지 않거나 목표하는 음성반응이 아니면 부적 반응으로 잠시 다른 곳을 본 후 (−)로 표기하고 수정작업에 들어간다. 장난감 자동차에 집중하도록 한 후 "자동차"라고 말함으로써 에코익 촉구를 한 번 더 준 후 3초 동안 반응하도록 대기한다. 아이가 따라 하면 칭찬하지 않고 2~3초 동안 중단했다가 다음 시도로 넘어간다. 부적 반응에 대한 교사의 수정으로 정반응을 보여도 수정 중에는 칭찬하지 않는다.
d. 네 가지 아이템을 번갈아 가며 제시하여 지루하지 않게 한다. 이때 아이템별로 정반응의 수를 수집하며, 사물별로 별도의 그래프에 정반응 수를 표기한다.
e. 맨드훈련의 경우처럼 아이템별로 3번 연속 에코익 촉구를 통해 정반응을 보이면 독립 택트로 넘어간다.
f. 아이가 교사에게 집중하면 컵을 보이며 3초간 대기한다. 에코익은 제공하지 않는다.
g. 아이가 3초 안에 "컵"이라고 말하면, 즉시 좋아하는 과자나 장난감을 크게 기뻐하며 강화제로 제공한다. 데이터 기록지에 (+)로 표기한다.
h. 부적 반응에 대한 교사의 반응은 c에 설명한 대로 한다. 데이터 기록지에 (−)라고 표기한다.

i. 아이템별로 에코익 촉구와 독립 택트를 번갈아 20번 시도를 제시할 때까지 계속한다.

이렇게 기록된 데이터는 〈표 6.3〉과 같다.

표 6.3 데이터 기록지의 예

목표행동 : '자동차', '컵', '책', '칫솔'

런유닛 시도	자동차		컵		책	
	E	T	E	T	E	T
1	P		P		P	
2	–		P		P	
3	P		–		–	
4	P		P		P	
5	–		P		P	
6	P		P		P	
7	–			–		+
8	P			+		+
9	P			–		+
10	P			–		–
11		–	P			–
12		–	P		P	
13	P		P		P	
14	P			–	P	
15	P			+		–
16		+		–		+
17		–		–		–
18		+	P			+
19		–	P			–
20		+	P			–
정반응	10	3	11	2	8	5
날짜	8/12		8/12		8/12	

표 6.3 데이터 기록지의 예(계속)

목표행동 : '자동차', '컵', '책', '칫솔'

런유닛 시도	칫솔		자동차		컵	
	E	T	E	T	E	T
1		−		+	P	
2		+		+	P	
3		−		−	P	
4	P			+		+
5	−			−		−
6	P			−		+
7	P		P			−
8	−		P			+
9	P		P			+
10	P			+		−
11	P			+		−
12		+		+	P	
13		−		−	P	
14		+		+	P	
15		+		+		+
16		+		+		−
17		+		+		+
18		+		+		−
19		+		+		+
20		+		+		+
정반응	6	9	3	13	6	8
날짜	8/12		8/13		8/13	

표 6.3 데이터 기록지의 예(계속)

목표행동 : '자동차', '컵', '책', '칫솔'

런유닛 시도	책		칫솔			
	E	T	E	T		
1	P			+		
2	P			−		
3	P			−		
4		+	P			
5		−	P			
6		+	P			
7		−		−		
8		−		+		
9	P			−		
10	P			+		
11	P			−		
12		+		−		
13		+	P			
14		−	P			
15		+	P			
16		+		+		
17		−		+		
18		+		+		
19		+		+		
20		+		+		
정반응	6	9	6	8		
날짜	8/13		8/13			

〈표 6.3〉에 나타난 택트훈련은 구조화된 언어 중재가 필요한, 이제 막 음성맨드를 형성한 아이의 경우를 가상으로 제시한 것이다. 아이에 따라서 독립적인 택트로 넘어가기 위해 3번 연속적인 촉구반응 대신에 2번 연

속 촉구된 정반응을 보이도록 하고, 마찬가지로 2번 연속적인 부적 반응으로 다시 촉구단계로 돌아가도록 하는 대신 한 번의 부적 반응으로 촉구단계로 돌아가도록 할 수 있다. 경우에 따라서는 3번 연속적인 촉구된 정반응을 보이지 않아서 독립 택트로 넘어가지 못할 수도 있다. 택트훈련 시 고려사항은 다음과 같다.

a. **반드시 아이가 교수에 적극적으로 임하게 하는 동기를 부여하기 위해 강력한 강화제를 파악해서 준비한다. 아이가 계속 부적 반응을 보이면 준비한 강화제 외에 좀더 효과적인 강화제를 찾아본다.**
b. **택트 교수 중 목표 아이템을 제시할 때 아이가 그 아이템에 집중하도록 한다. 강력한 강화제를 사용하면 아이의 주의를 용이하게 그 아이템에 집중하도록 할 수 있을 것이다.**
c. **네 가지 아이템을 교대로 제시하여 택트훈련을 한 경우, 아이가 진전을 보이지 않으면 두 가지 아이템으로 줄인다. 즉, 한 번에 두 가지 아이템을 목표로 한다. 경우에 따라서 한 가지 아이템만을 목표로 해야 할 때도 있을 것이다. 자료를 수집하고 그래프를 그려 아이의 진전을 모니터한다.**
d. **아이가 습득한 택트의 수가 늘어나고 촉구가 필요하지 않으면 아이템을 개별적으로 지도하는 대신, 네 가지 아이템을 하나의 세션 동안에 한꺼번에 목표로 한다. 이 단계에 이르면 다수의 택트를 축적할 수 있다.**
e. **한 단어 택트를 10개 정도 축적하면 문장 형태의 택트를 목표로 가르친다.**

여기서 잠깐! 택트 그래프를 그리는 것을 잊지 말자! 맨드와 마찬가지로 '자동차', '컵', '책', '칫솔' 반응별로 20 런유닛 그래프를 만들자. 맨드 그래프와 마찬가지로 에코익을 사용했을 때 아이가 정반응을 보인 횟수는 흰 점으로 표시하고, 흰 점은 흰 점끼리 점선으로 표시하자. 언제나 그래프를 통해서 아이의 발달을 체크하고 다음 교육단계를 결정해야 한다.

엄마 "사진카드가 많이 필요할 것 같네요."

닥터 최 "네. 서점에서 살 수 있는 사진카드를 사용해도 되고, 그림이 많은 그림책을 사용해도 됩니다."

닥터 최가 되기까지

Frog

Frog. 참 쉬운 단어이다. 요즘 한국의 아이들은 어릴 때부터 영어를 배워서 그런지 Frog이라는 단어를 모르는 아이들이 없을 것이다.

얼마 전에 말을 시작한 프란체스카. 이제 사진을 보여 주면 무엇인지 말하기 시작했다. 이번의 목표행동은 개구리 사진을 보여 줬을 때 5초 이내에 "Frog"라고 말하는 것이다.

"프~록~"

프란체스카는 곧잘 따라 한다. 옆에 있던 미국인 보조교사가 듣고 있다가 한참 웃는다.

"왜 웃어?"

"프록이 아니라 '프흐롹'이야. 프란체스카가 한국식 발음으로 '프록'이라고 하잖아!"

그러고 보니 그렇네……. 가르치려면 제대로 가르치자.

참고문헌

1) Delgado, J., & Oblak, M. (2007). The effects of daily intensive tact instruction on the emission of pure mands and tacts in non-instructional settings by three preschool children with developmental delays. *Journal of Early and Intensive Behavior Intervention, 4*(2), 392-411.

2) Greer, R. D., & Ross, D. E. (2008). *Verbal behavior analysis: Inducing and expanding new verbal capabilities in children with language delays.* Boston: Person Education, Inc. 박혜숙, 최진혁, 김정일 역(2011). 『언어행동분석』(서울: 시그마프레스).

3) Skinner, B. F. (1957). *Verbal behavior.* Acton, MA: Copley Publishing Group.

PART 7

라이언을 사랑해 –
글자 읽기의 첫걸음

엄마 "아이가 택트와 맨드로 제법 말을 잘하기 시작했어요. 글자 읽기를 시작할 수 있을까요?"

닥터 최 "Great! 한번 해 봅시다."

드디어 우리 아이가 사진을 보면 그 사진의 이름을 말하기 시작하였고(택트), 짧은 단어이지만 말로 요구하기(맨드) 시작하였다. 삶의 기쁨이라는 것이 이런 것이 아닐까? 우리 아이의 작은 긍정적 변화에도 세상을 다 가진 듯하다. 이제 말하기를 넘어 학교생활의 큰 부분을 차지하는 글자 읽기를 가르쳐 보자. 영어에서 글자 읽기를 가르치는 방법은 파닉스(phonics)를 이용한 방법과 시각적 단어 읽기(sight word reading) 등 여러 가지가 있다.

한글은 표음문자이기 때문에 또 다른 접근법이 있을 수 있지만, 이 책에서는 시각적 단어 읽기를 다루어 보고자 한다. 기본적인 방법은 비슷하다. 목표로 설정할 단어 혹은 글자를 선택한다. 표로 만들면 더욱 좋다. 단어카드 혹은 글자카드를 보여 주고 아이가 읽으면 강화하고, 플러스(+)라고 기록한다. 아이가 정확하게 읽지 못하거나 아예 반응이 없으면, 시범을 보여 준다. 아이가 엄마의 시범을 따라 글자를 읽으면, 마이너스(−)라고 기록한다. 자, 이제 자세히 알아보자.

1

목표행동 정하기

제3부에서 우리는 목표행동목록을 만들었다. 잠시 제3부로 돌아가 목표행동목록을 찾아보자.

글자 읽기	'가', '나', '다', '라'라고 적힌 카드를 보여 줬을 때, 5초 이내에 소리 내어 읽는다.	가, 나, 다, 라, 마…

가 · 나 · 다 글자 읽기를 목표행동으로 정하였다. 글자 읽기(textual response)를 측정하는 방법은 행동의 빈도수를 측정하는 방법을 이용한다. 단위는 런유닛을 사용하는 것이 용이하다.

엄마	"우리 아이는 벌써 기본적인 글자는 읽을 줄 알아요. 그래도 가·나·다·라를 다시 가르쳐야 하나요?"
닥터 최	"시간을 낭비할 필요가 없지요. 단어 읽기로 넘어갑시다."

아이가 벌써 가·나·다를 읽을 줄 안다. 그것도 아주 잘 읽는다. 그러면 이 단계를 건너뛸 수 있다. 우리 아이는 다른 새로운 것을 배우기에도 시간이 부족하다. 그러면 바로 단어 읽기로 넘어갈 수 있다. 자, 제3부를 보니 우리는 단어 읽기도 목표행동목록에 넣어 두었다. 잠시 돌아가서 확인해 보자.

단어 읽기	(기본 단어)가 적힌 카드를 보여 줬을 때, 5초 이내에 소리 내어 읽는다.	주로 사용하는 50개 단어

엄마	"우리 아이는 아직 '가·나·다·라'를 읽을 기본적인 능력이 없어요. 무엇부터 시작해야 하나요?"
닥터 최	"글자카드 가리키기를 먼저 습득시킵시다."

어떤 아이는 아직 글자에 대해서 아무런 교수적 경험이 없는 경우가 있다. 아직 준비되지 않은 아이에게 글자 읽기부터 가르치는 것은 걷지도 못하는 아이에게 줄넘기를 가르치는 것과 같다. 무리하게 시작하면, 아이도 힘들어할 것이고 가르치는 엄마도 속상할 것이다. 매번 마음속에 새겨야 할 것은 우리의 '가르침'은 항상 긍정적인 환경에서 이루어져야 한다. 아이가 준비되지 않은 상태에서 너무 어려운 것을 가르치면, '가르침'이라는 환경이 혐오자극(aversive stimulus)으로 조건화된다. 그렇게 되면 교육의 효율이 떨어질 수밖에 없다. 단어 읽기의 큰 퍼즐에 한 조각씩 한 조

각씩 퍼즐조각을 끼워 맞추어야 한다. 우리 아이의 수준에 따라 가장 기본적이 것부터 시작하자. 예를 들면, 'ㄱ, ㄴ, ㄷ, ㄹ, …' 과 같은 기본적인 것을 가르칠 수 있으며, 상황에 따라서는 글자 가리키기를 먼저 습득하도록 목표행동을 설정할 수도 있다. 글자 가리키기를 목표행동으로 설정한다면, 다음과 같이 목표행동을 정의할 수 있다.

글자 가리키기	(가, 나, 다, 라, 등)이 적힌 서로 다른 카드를 책상에 보여 주고, "(글자)를 가리켜 보세요."라고 말했을 때, 그 글자를 5초 이내에 손으로 가리킨다.	가, 나, 다, 라, 마 등

아이의 수준에 따라 단어 가리키기를 먼저 습득시킬 수 있다. 앞으로 단어 읽기에 가르칠 단어를 이 단어 가리키기 프로그램을 통해서 가르친다면, 아이가 다음 단계인 단어 읽기 단계로 넘어갔을 때 더 쉽게 배울 수 있을 것이다.

단어 가리키기	(단어)가 적힌 서로 다른 카드를 책상에 보여 주고, "(단어)를 가리켜 보세요."라고 말했을 때, 그 단어를 5초 이내에 손으로 가리킨다.	책상, 엄마, 아빠, 의자, 침대 등 주로 사용하는 50개 단어

주로 글자 읽기를 가르치는 순서는 글자 가리키기, 단어 가리키기, 한 글자 읽기, 2음절 단어 읽기, 3음절 단어 읽기, 두 단어 한꺼번에 읽기, 짧은 문장 읽기, 긴 문장 읽기 등의 순서로 이루어지는 것을 추천한다. 아이는 기본적으로 청자반응(listener response)을 습득하고 그 다음에 화자반응(speaker response)을 습득하는 것으로 알려져 있다. 청자반응이 화자반응의 선행기술이 될 수 있는 것이다.

2

학습목표 정하기

자, 각각의 목표행동에 적절하게 학습목표를 정해 보자. 앞에서 저자가 서술한 요구하기(맨드), 사진이름 말하기(택트)를 가르칠 때 만들었던 학습목표와 비슷한 방법으로 〈표 7.1〉과 같이 학습목표를 만들어 보자.

표 7.1 학습목표

목록	학습목표
글자 가리키기	2개 연속하는 세션에 걸쳐 18/20
단어 가리키기	2개 연속하는 세션에 걸쳐 18/20
글자 읽기	2개 연속하는 세션에 걸쳐 18/20
단어 읽기	2개 연속하는 세션에 걸쳐 18/20

목록을 만들었다면, 우리 아이는 목록의 학습목표에 따라 앞으로 정할

단기학습목표를 순차적으로 습득해 나갈 것이다. 예를 들어, 글자 가리키기의 첫 번째 단기학습목표를 가르치기 시작했다. 몇 번의 세션을 진행하였고, 어느 날 아이가 2개 연속하는 세션에 걸쳐서 20번의 런유닛 중 18번 이상 정반응을 보여 주었다. 그러면 두 번째 단기학습목표로 넘어간다. 단어 읽기를 가르칠 때 역시 같은 방법이다. 해당 단기학습목표에서 아동이 2개 연속하는 세션에 걸쳐서 20번의 런유닛 중 18번 이상 정반응을 보여 주면, 다음 단기학습목표로 넘어간다.

3

단기학습목표의 목록 만들기

목록에 3개의 글자 읽기 관련 목표행동이 적혀 있다. 글자 가리키기, 단어 가리키기, 글자 읽기, 단어 읽기를 순차적으로 가르쳐 보자. 여기서 우리는 각각의 목표행동에 단기학습목표를 만들어 주어야 한다. 그래서 그 단기학습목표를 하나씩 완전히 학습하면서 하나의 목표행동을 완전히 습득할 것이다.

글자 가리키기

"나랏말싸미 듕귁에 달아 …" 세종대왕께서는 참으로 과학적인 한글을 만들어 주셨다. 초성 · 중성 · 종성의 조합으로 무려 2,667개 이상의 국어 발음 조합을 만들 수 있다고 한다. 이 많은 글자 조합을 한꺼번에 다 가르칠 수는 없는 일이다. 글자 가리키기의 목적은 글자와 단어 읽기에 앞서서 기본적인 청자반응을 습득시키는 것이다. 이 프로그램은 기본적이 청자반응을 습득시키기 위한 것이니, 글자 가리키기가 능숙해질 정도까지 가르치면 될 것이다. 그래서 우리가 흔히 가, 나, 다, 라 등과 같은 기본적인 글자를 먼저 배우니, 일단 여기에 집중하도록 하자. 저자는 〈표 7.2〉와 같이 단기학습목표를 만들어 보았다.

표 7.2 글자 가리키기의 단기학습목표

단기학습목표 번호	학습목표	습득 여부(O/X)
1	가, 나, 다	
2	라, 마, 바	
3	사, 아, 자	
4	차, 카, 타	
5	파, 하, 가, 갸	
6	거, 겨, 고, 교	
7		
8		
9		
10		

상황에 따라 빈칸에 더 많은 글자를 넣어 아이를 가르쳐도 될 것이다. 습득 여부 칸에는 앞에서 정한 학습목표대로 두 번 연속하는 세션을 통해 20번 중 18번 정확한 반응을 보이면, (O)라고 표시해 두자.

단어 가리키기

자, 그런데 여기서 애매한 수준에 있는 아이가 있다고 하자. 아이에게 한 글자 가리키기는 너무 쉽다. 그렇다고 글자 읽기로 바로 넘어가기는 어렵다. 이런 경우에는 단어 가리키기를 먼저 습득시킬 수 있다. 앞으로 단어 읽기에서 아이에게 가르칠 단어들을 먼저 청자반응으로서의 단어 가리키기로 습득시킨다면, 아이의 단어 변별능력이 향상될 수도 있으니, 집에서 자주 볼 수 있는 단어를 정리하여 단기학습목표를 〈표 7.3〉과 같이 설정해 보자.

표 7.3 단어 가리키기의 단기학습목표

단기학습목표 번호	학습목표	습득 여부(O/X)
1	기차, 엄마, 책상	
2	의자, 소파, 문	
3	아빠, 나무, 꽃	
4	열쇠, 밥, 물	
5	버스, 자동차, 사과	
6	숟가락, 식탁, 강아지	
7	연필, 책, 지우개	
8	전화기, 사탕, 주스	
9	가방, 신발, 우산	
10	냉장고, 바지, 지하철	

글자 읽기

글자 읽기의 교수를 위한 단기학습목표 목록 역시 글자 가리키기와 비슷하다. 하지만 하나의 단기학습목표에 몇 개의 글자를 포함시키는 것이 적절할까라는 질문을 많이 받는다. 답은 아이의 수준에 따라 다양하다. 아이가 여러 개의 글자를 한꺼번에 배우기에 시간이 너무 많이 걸린다면, 2개의 글자를 하나의 단기학습목표에 넣을 수도 있다. 아이가 여러 개의 글자를 한꺼번에 쉽게 습득하기 시작한다면, 하나의 단기학습목표에 포함된

목표 글자의 수를 점차 늘려가는 것이 적절하다. 저자는 주로 2개의 글자를 하나의 단기학습목표에 넣는다. 그리고 단기목표가 완수될 때마다 조금씩 글자 수를 늘리도록 단기학습목표를 설정한다.

표 7.4 글자 읽기의 단기학습목표

단기학습목표 번호	학습목표	습득 여부(O/X)
1	가, 나	
2	다, 라	
3	마, 바, 사	
4	아, 자, 차	
5	카, 타, 파, 하	
6	가, 갸, 거, 겨, 고	

단어 읽기

단어 읽기를 가르치기 위한 단기학습목표를 설정할 때도 비슷한 방법을 따른다. 앞의 단어 가리키기에서 우리는 주변에서 자주 사용하는 단어를 각각의 단기학습목표에 넣었다. 이 목록을 그대로 사용할 수도 있고, 아이의 습득 속도에 따라 단어의 수에 변화를 주어도 된다. 단어 읽기가 처음인 경우에 너무 많은 단어를 한꺼번에 가르친다면, 우리가 이야기하는 선택과 집중을 이용한 교육이 어려워질 수가 있다. 저자는 주로 2 단어를 하나의 단기학습목표로 설정한다. 그리고 그 단어의 수를 점차 늘려나간다. 혹시나 '텔레비전' 과 같은 상대적으로 긴 단어를 가르칠 때에는 다시 하나의 단기학습목표에 포함시키는 단어의 수를 줄인다.

표 7.5 단어 읽기의 단기학습목표

단기학습목표 번호	학습목표	습득 여부(O/X)
1	기차, 엄마	
2	책상, 의자	
3	소파, 문, 아빠	
4	나무, 꽃, 밥, 물	
5	연필, 책, 사과, 식탁	
6	열쇠, 버스, 주스, 사탕	
7	가방, 신발, 우산, 바지	
8	지우개, 숟가락, 강아지	
9	자동차, 전화기, 지하철	
10	냉장고, 운동장, 선생님	

〈표 7.5〉를 보면 단기학습목표 1과 2에서는 2개의 단어만을 가르치다가 단기학습목표 3에서는 목표단어가 3개로 늘어나고, 단기학습목표 4 · 5 · 6 · 7에서는 4개까지 늘어난다. 하지만 단기학습목표 8에서는 다시 3개로 줄었다. 왜일까? 처음의 단기학습목표에서는 1음절 혹은 2음절로 이루어진 단어가 주를 이룬다. 하지만 단기학습목표 8에서 3음절 단어를 목표 단어로 설정하였다. 아이에게 조금은 다른 수준의 반응일 수 있기 때문에 다시 목표 단어의 수를 줄여 준 것이다. 가장 중요한 것은 가정에서 엄마가 아이의 단어 습득 속도를 관찰하고 분석적으로 단기학습목표를 설정하는 것이다.

4 준비물 : 글자 · 단어카드 만들기

이제 단기학습목표를 정했으니, 본격적으로 시작해 보자. 일단 준비물이 필요하다. 앞에서 말한 펜과 자, 그리고 20 런유닛 그래프는 기본이다. 데이터 기록지도 필요하다. 그리고 글자 · 단어카드를 만들어야 한다. 각자의 가정에서 아이의 수준에 맞게 종이를 잘라 만들 수 있다. 저자는 주로 '스테이플즈' 라는 큰 사무용품점에서 쉽게 구할 수 있는 가로 12cm, 세로 7cm의 카드에 단어를 적어 사용한다. 컴퓨터로 출력해서 사용할 수도 있다.

하지만 이미 인쇄되어 시중에서 파는 단어카드를 저자는 가급적 사용하지 않는다. 그 이유는 동일한 글자 · 단어를 가르칠 때에도 항상 다중예시(multiple exemplar)를 제공해 주어야 아동이 습득한 목표행동을 일반화할 가능성이 커지기 때문이다. '엄마' 라는 단어를 가르친다고 가정하자.

12포인트의 명조체로 깔끔하게 인쇄된 '엄마'라는 단어카드만 보여 주면서 '엄마'를 가르친다면 손으로 적어 조금은 알아보기 힘든 '엄마'라는 단어, 크레용으로 적은 '엄마'라는 단어 등 다양한 종류의 자극에 일반화되어 반응할 가능성이 작아진다. 서로 다른 색, 다른 크기, 다른 글자체를 가진 다양한 '엄마'라는 자극을 이용해 아이를 가르친다면, 일상생활에서 응용할 가능성이 훨씬 커지는 것이다. 그래서 저자는 자극(단어)별로 3개 정도의 서로 다른 글자 · 단어카드를 만들어 세션을 진행한다. 학습목표 1(기차, 엄마, 책상)을 가르치기 위해서는 9개 정도의 카드가 필요하다.

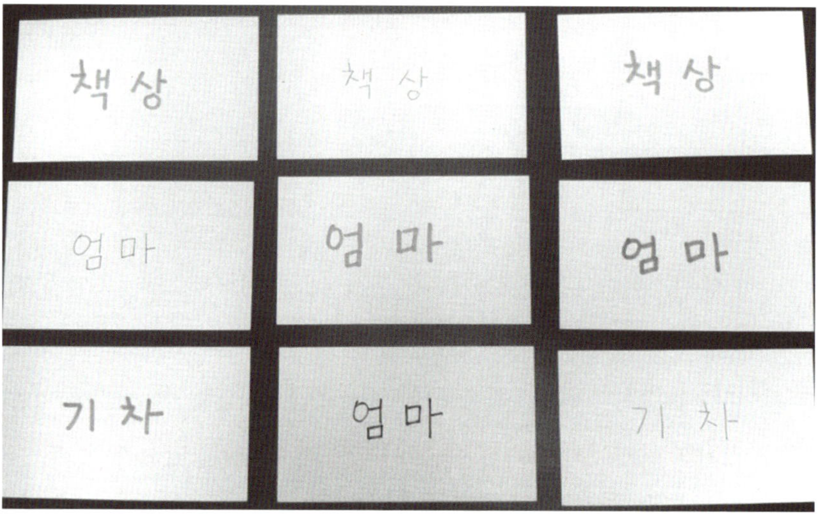

글자 가리키기를 먼저 가르치고 싶다면, 같은 방법으로 목표자극(글자)별로 다양한 글자카드를 만들어야 한다.

5분만에 카드가 준비되었다. 마지막으로 준비해야 할 것이 있다. 바로 강화제이다. 아이가 좋아하는 과자가 될 수도 있고, 사탕이 될 수도 있으며, 장난감이 될 수도 있고, 엄마의 칭찬이 될 수도 있다. 아이가 가장 원하는 강화제를 적절하게 선택하여 사용해야 한다. 다음의 필수 준비물을 엮에 두었는가? 그러면 이제 우리 앞에 아이를 앉힐 차례이다.

준비물
펜, 연필, 자, 20 런유닛 그래프, 20 런유닛 데이터 기록지, 목표 단어별 3장 정도의 서로 다른 글자카드, 아이가 좋아하는 강화물(사탕, 과자, 칭찬 등)

5 데이터 기록하기와 그래프 그리기

앞에서 우리는 20개의 런유닛을 하나의 세션으로 묶기로 했다. 그리고 하루에 몇 번의 세션을 진행할 것인지도 머릿속으로 정리해 두어야 한다. 하루에 한 세션을 가질 수도 있고, 두 세션을 마칠 수도 있다. 아이가 재미있어하고 더 많이 공부하기를 원한다면 더 많은 세션을 욕심내 볼 수도 있다. 아이가 계속 공부하기를 원한다면 얼마나 좋을까? 이 질문에 대한 답은 간단하다.

학습 환경이 긍정적인지 부정적인지를 결정하는 가장 큰 요소는 교수자(instructor)라고 할 수 있다. 우리 아이가 한두 번의 런유닛으로 글자 읽기를 습득할 수 있었다면 아마 이 책을 열어 보지도 않았을 것이다. 일반적인 발달을 보이는 아동은 특별한 집약적인 중재방안 없이도 끊임없는 환경과의 직 · 간접적인 접촉을 통하여 언어행동발달에 결정적인 발달점

(cusp)[1]을 습득할 수 있다. 하지만 발달장애를 가진 아동이라든지 언어지체를 보이는 자폐아의 경우에는 과학적으로 입증된 증거 중심의 중재방법을 이용하여 인내를 가지고 노력하는 자세가 필요하다. 그렇기 때문에 항상 손에는 효과적인 강화제를 가지고 아이의 유인력을 지속적으로 유지시켜 주어야 한다. 아이의 긍정적 행동인 글자 읽기에 끊임없이 강화를 해 준다면, 분명 아이에게서 작은 변화를 볼 수 있을 것이다. 그리고 그 작은 변화가 모여 큰 변화를 이끌어 낼 수 있을 것이다. 켈러의 말을 다시 한 번 더 마음속에 담아 두자. "학생은 항상 옳다." 아이의 배움의 능력은 결국 가르치는 사람의 능력에 달려 있다.

본론으로 돌아가서, 데이터를 기록하는 기본적인 방법은 비슷하다. 아이가 강화제를 얻고자 하는 상황을 만든 후에 아이에게 선행사건을 제시한다. 선행사건이라고 하면 학문적 용어라고 어렵게 생각할 수도 있다. 쉽게 이야기하면, 서로 다른 단어카드를 제시하고, " '엄마' 라는 단어를 찾아봐."라고 말하는 것이 바로 선행사건이다. '엄마' 라고 적힌 단어카드를 보여 주는 것이 선행사건이다. '가' 라고 적힌 단어카드를 보여 주는 것도 선행사건이다. 이런 선행사건이 주어지면, 아이는 반응을 보일 것이다. 제시한 서로 다른 단어카드 속에서 '엄마' 라고 적힌 단어카드를 손으로 가리키는 것이 아이의 반응이 될 수 있다. "엄마"라고 소리 내어 읽는 것이 반응이 될 수 있다. "가"라고 소리 내어 읽는 것이 반응이 될 수 있다. 이렇게 아이가 우리가 원하는 반응을 보이는 것을 정반응(correct response)이라고 한다. 정반응은 항상 데이터 기록지에 플러스(+)라고 기록한다. 여기서 잊지 말아야 할 것 한 가지! 정반응은 항상 준비한 강화제로 강화해 주어야 한다. 이렇게 정반응을 강화해 주는 것을 후속결과라고 한다.

때에 따라서 아이가 정반응을 보이지 않을 때가 있다. " '엄마' 라는 단어를 찾아봐."라고 선행사건을 줬는데도 '기차' 라는 단어를 가리키든지, 아예 반응을 보이지 않는 경우도 있다. '엄마' 라고 적힌 카드를 보여 줬는데, "기차"라고 읽는다든지, 아무런 말도 하지 않는 경우도 있다. 이러한 경우를 우리는 부적 반응(incorrect response)이라고 한다. 부적 반응은 항상 데이터 기록지에 마이너스(−)라고 기록한다. 이러한 경우에는 엄마가 다시 똑같은 선행사건을 제시하며, 동시에 시범을 보여 주어야 한다. 그리고 아이가 그 시범을 따라하도록 유도한다. "'엄마' 라는 단어를 찾아봐."라고 말하며 직접 손으로 '엄마' 단어카드를 가리키고, 아이가 따라 하게 한다. '엄마' 단어카드를 다시 보여 주고, 직접 "엄마"라고 말하며, 아이가 따라 하게 유도한다. 이것 역시 부적 반응에 대한 후속결과라고 한다. 그리고 다음 런유닛으로 넘어간다. 이러한 런유닛의 흐름을 정리하면 〈그림 7.1〉, 〈그림 7.2〉와 같다.

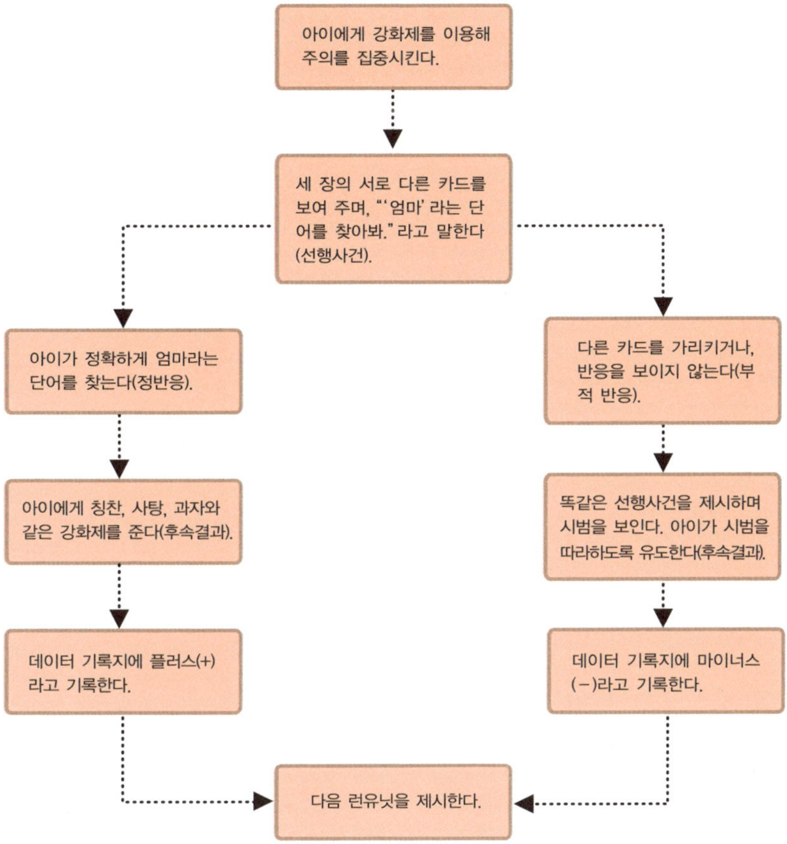

그림 7.1 단어 가리키기 런유닛

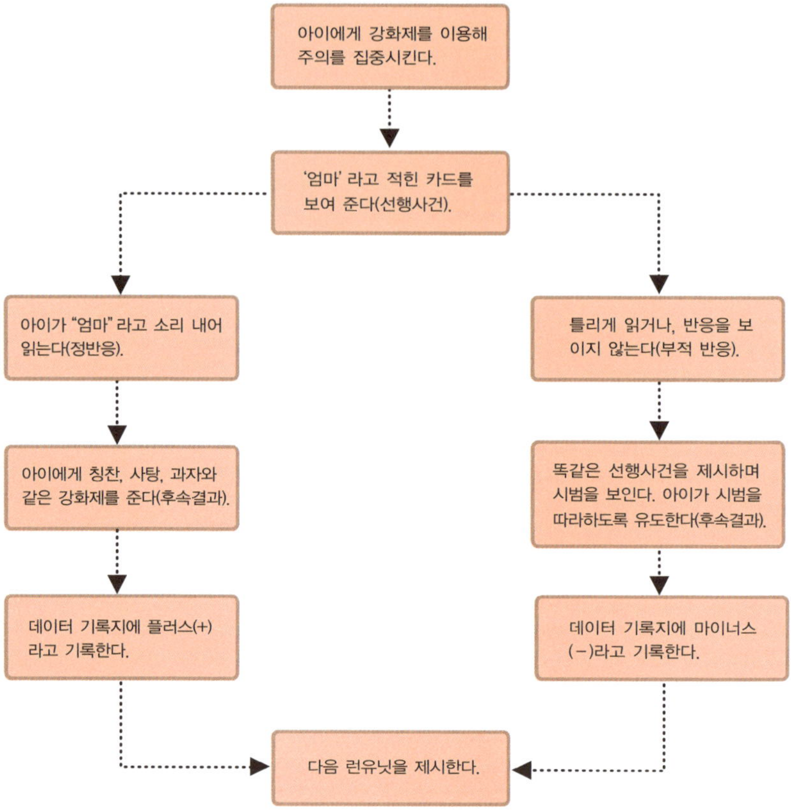

그림 7.2 단어 읽기 런유닛

엄마 "아이가 부적 반응을 보여서 시범을 보여 줬는데 잘 따라 했어요. 이때 강화를 해 주어야 하나요?"

닥터 최 "시범을 보여 줬을 때, 강화를 해 주는 것은 오히려 아이를 시범에 의존적이게 만들 수가 있습니다."

시범을 보여 줬을 때 아이가 곧잘 따라 한다. 아이의 언어행동수준에 따라 다르겠지만, 주로 시범을 보여 줬을 때 나오는 정반응에 강화를 해 주는 것은 미래를 위해서 바람직하지 않다. 오히려 아이가 선행사건이 주어졌을 때 독립적으로 반응하기보다는 시범에 의존적으로 반응할 수 있기 때문이다. 어차피 답을 주고 그 답을 가지고 따라 한다는 것을 알아 버리면 쉽게 스스로 정반응을 보이려고 하지 않는 것이다.

하지만 응용행동분석에서는 상황에 따라 시범을 먼저 보여 주고 아동이 이것을 따라 하면 강화를 해 주는 영초시간지연법(0 second time delay)이라는 전략이 있다. 시범과 촉구를 주는 시간차를 3초, 5초 이렇게 점차 늘리는 전략인데, 더 많은 자료는 시중에 출판된 응용행동분석 관련 서적에서 쉽게 찾을 수 있다. 우선 이 책에서는 독립적인 반응을 이끌어 내기 위한 프로그램 절차를 소개하려 한다.

다음 런유닛에서는 단기학습목표에 포함된 다른 단어를 제시해야 한다. "'책상' 이라는 단어를 찾아봐." 혹은 '책상' 이라고 적힌 단어카드를 보여 주는 것이다.

이러한 방법으로 런유닛을 지속적으로 제시한다. 그리고 어느 순간에는 20개의 런유닛을 마치게 되었다. 이것이 한 개의 세션이다. 그리고 하루에 한 세션 혹은 두 세션을 지속적으로 실시하였다. 한 개의 세션을 마칠 때마다 20 런유닛 그래프에 충실하게 데이터를 옮겼다.

아이에게 단어 가리키기 프로그램을 실시한 엄마는 〈표 7.6〉과 같은 데이터를 얻었다. 그리고 한 세션을 마칠 때마다 데이터를 그래프에 옮겼다. 여기서 다시 한 번 기억해야 할 것은 아이가 2개의 연속하는 세션에서 80% 이상의 정반응(20개 런유닛에 18개 이상의 정반응)을 보이면 우리는 목표 완수라고 했다는 것이다. 이제 다음 단기학습목표로 넘어갈 수 있다. 우리는 앞에서 단기학습목표 2를 '의자, 소파, 문' 으로 정하였다. 새로운 단기학습목표에 맞게 새로운 데이터 기록지에 런유닛 데이터를 기록하자.

표 7.6 단어 가리키기 데이터 기록지의 예

목표행동 : 단어 가리키기 단기학습목표 1 – 기차, 엄마, 책상

런유닛	세션 1	세션 2	세션 3	세션 4	세션 5
1	+	+	+	+	+
2	+	–	+	+	+
3	+	+	+	–	+
4	–	+	+	+	+
5	–	–	+	–	+
6	+	+	–	+	+
7	–	+	+	+	+
8	+	+	–	+	+
9	–	+	+	+	+
10	–	–	+	+	+
11	–	+	+	+	–
12	+	+	+	+	+
13	+	–	+	+	+
14	+	+	+	+	+
15	–	+	+	+	+
16	+	–	+	+	+
17	–	+	–	+	+
18	+	–	+	+	+
19	+	+	+	+	+
20	–	–	+	+	+
총 횟수 (정반응/ 총 런유닛 횟수)	11/20	13/20	17/20	18/20	19/20 (목표 완수)
날짜	4/5	4/5	4/6	4/7	4/7

아이에게 단어 읽기를 가르친 엄마는 〈표 7.7〉과 같은 데이터를 얻었다. 5개의 세션 안에 아이가 학습목표를 완수했다. 이 모든 데이터를 그래프에 옮겼다. 이제 다음 단기학습목표(의자, 소파, 문)로 넘어간다. 이때 새로운

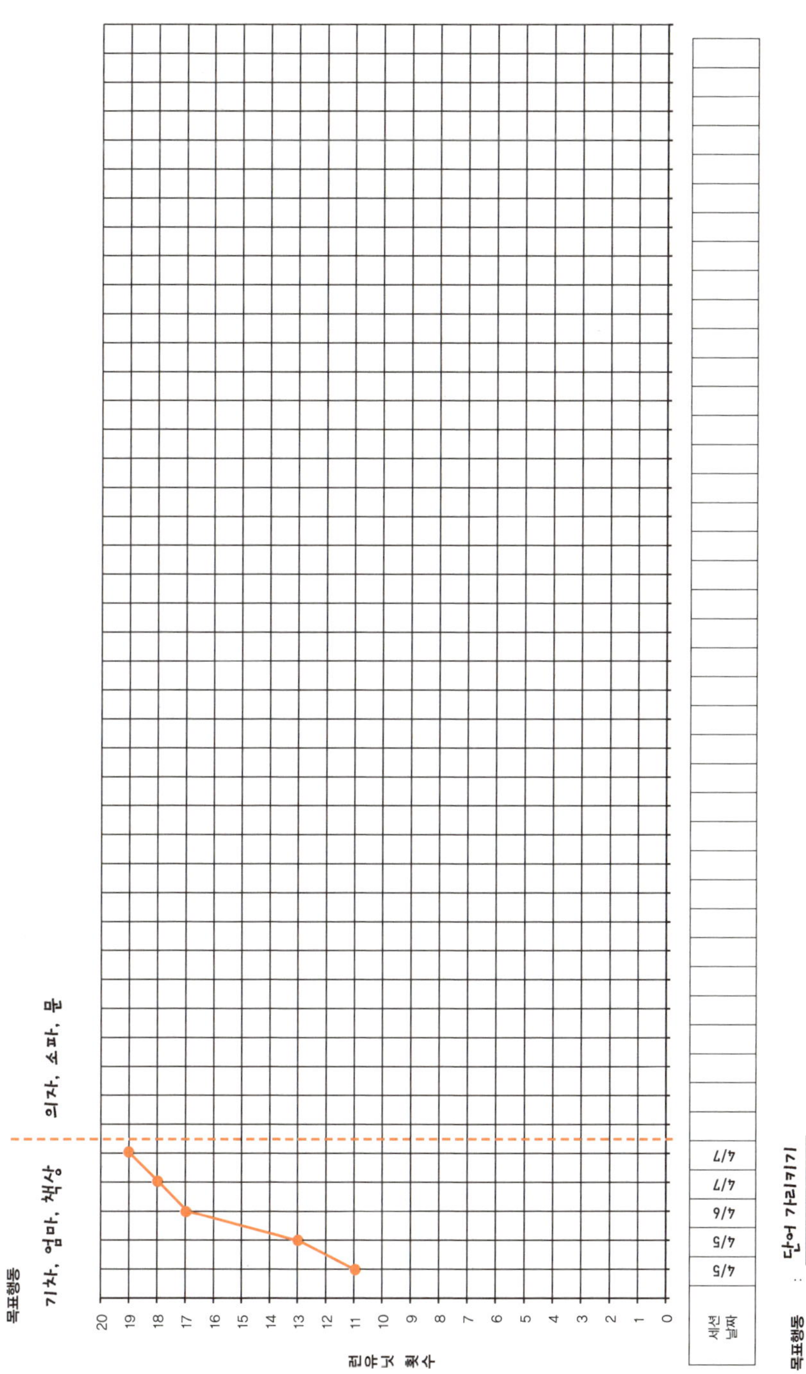
목표행동
기차, 엄마, 책상
의자, 소파, 문
정반응 횟수
20
19
18
17
16
15
14
13
12
11
10
9
8
7
6
5
4
3
2
1
0
세션
날짜
4/5
4/5
4/6
4/7
4/7
목표행동 : 단어 가리키기

데이터 기록지를 이용하자.

새로운 단기학습목표를 시작했다고 새로운 그래프를 시작할 필요는 없다. 학습목표를 완수하면 마지막 세션 데이터 다음의 세로줄에 굵은 점선을 긋고, 거기에 새로운 단기학습목표를 적는다. 그리고 새롭게 얻는 데이터를 그래프에 옮긴다. 기본적인 그래프 그리기 방법은 제3부를 찾아보도록 하자.

표 7.7 단어 읽기 데이터 기록지의 예

목표행동 : 단어 읽기 단기학습목표 1 – 기차, 엄마

런유닛	세션 1	세션 2	세션 3	세션 4	세션 5
1	+	+	+	+	
2	+	–	+	+	
3	+	+	+	+	
4	–	+	+	+	
5	–	–	+	–	
6	+	+	+	+	
7	–	+	+	+	
8	+	+	+	+	
9	–	+	+	+	
10	–	–	+	+	
11	–	+	+	+	
12	+	+	+	+	
13	+	–	+	+	
14	+	+	+	+	
15	–	+	–	+	
16	+	–	+	+	
17	–	+	+	+	
18	+	–	+	+	
19	+	+	+	+	
20	–	–	+	+	
총 횟수 (정반응/ 총 런유닛 횟수)	11/20	13/20	19/20	19/20 (목표 완수)	
날짜	4/10	4/11	4/11	4/12	

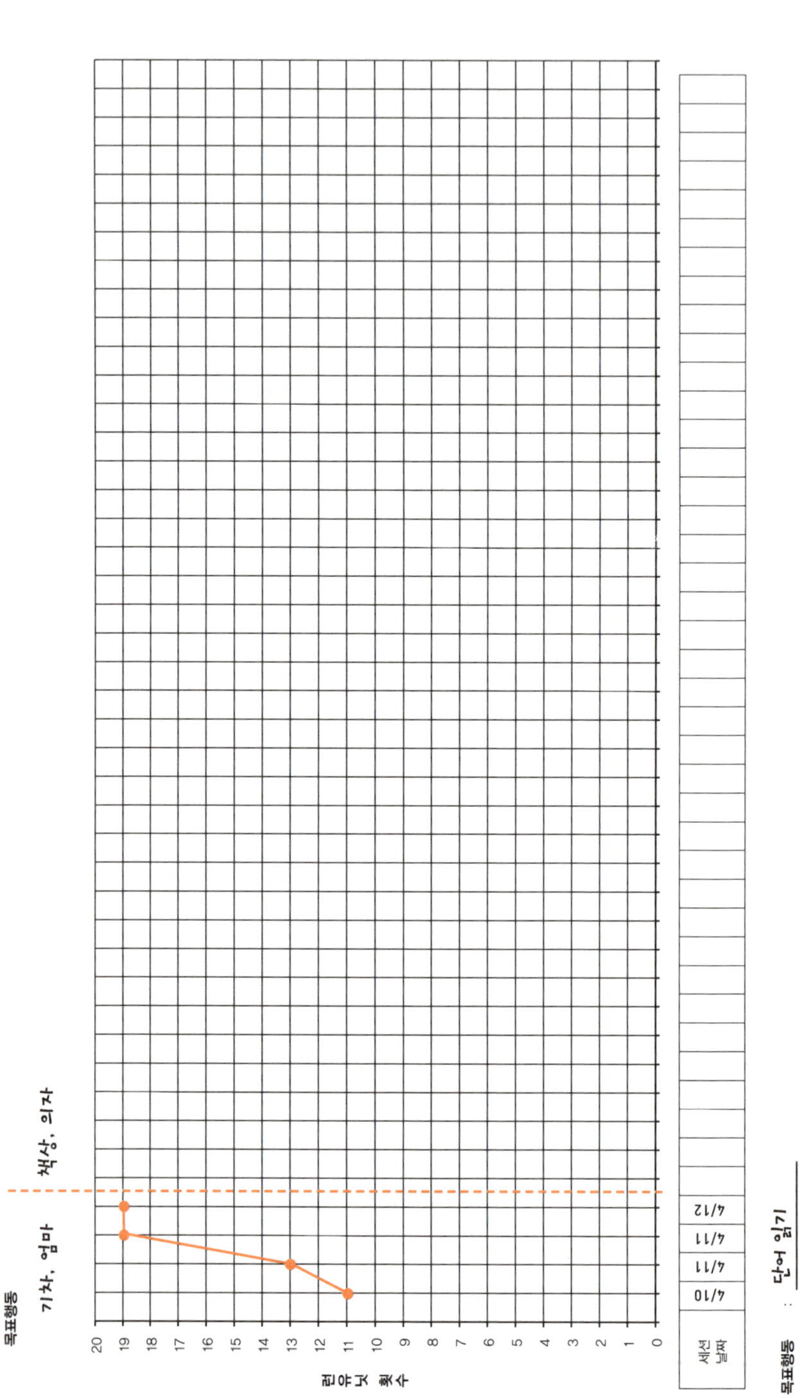

목표행동
기차, 엄마
책상, 의자
반응 횟수
20 19 18 17 16 15 14 13 12 11 10 9 8 7 6 5 4 3 2 1 0
세션 날짜
4/10
4/11
4/11
4/12
목표행동 : 단어 읽기

6

여러 단기학습목표 완수!

아이가 세션을 잘 따라온다. 무엇보다 아이가 이렇게 무엇인가를 엄마 눈앞에서 배우고 있다는 사실을 그래프를 통해 확인할 수 있다는 것이 좋다. 아이의 정반응에 강화제가 필요하듯이 우리의 행동에도 항상 강화제가 필요하다. 우리 아이의 작은 성취가 바로 가장 큰 강화제가 아닐까 생각해 본다.

이제 학습의 속력을 높일 때이다. 아이도 엄마도 런유닛에 어느 정도 익숙해졌고, 그래프도 데이터 기록도 손에 익기 시작했다. 가장 중요한 것은 매일 한 세션이라도 해 주는 것이다. 지속적이고 집약적으로 프로그램을 진행하는 것이 바람직하다. 한 세션을 하고 다음날 쉰다면 결국 며칠 동안 보이기 시작했던 목표행동이 다시 소거될 수 있다. 하루에 한 세션이라도, 그것도 어렵다면 단 몇 개의 런유닛이라도 진행한다면 더 안정적인 발달을 볼 수 있을 것이라 기대해 본다.

지속적으로 런유닛 데이터를 기록하고 그래프에 옮기고 학습목표가 완수되면 다음 단기학습목표로 넘어간다. 하루에 한두 세션씩 진행하다 보면 앞에서 만든 단기학습목표 목록을 하나씩 완수해 나갈 수 있을 것이다. 그러면 어느덧 179쪽, 180쪽과 같은 그래프를 만들 수 있다.

단어 가리키기를 가르친 엄마는 약 한 달 동안 7개의 단기학습목표를 완수했다. 아이가 20개의 단어를 곧잘 가리킨다. 단어 읽기 프로그램을 실시한 엄마 역시 약 한 달 동안 8개의 단기학습목표를 완수했다. 아이가 26개의 단어를 곧잘 읽는다. 작은 숫자일 수 있으나, 이렇게 작은 것이 모이면, 아이의 언어행동 언어능력군(verbal repertoire)이 점차 커지게 된다.

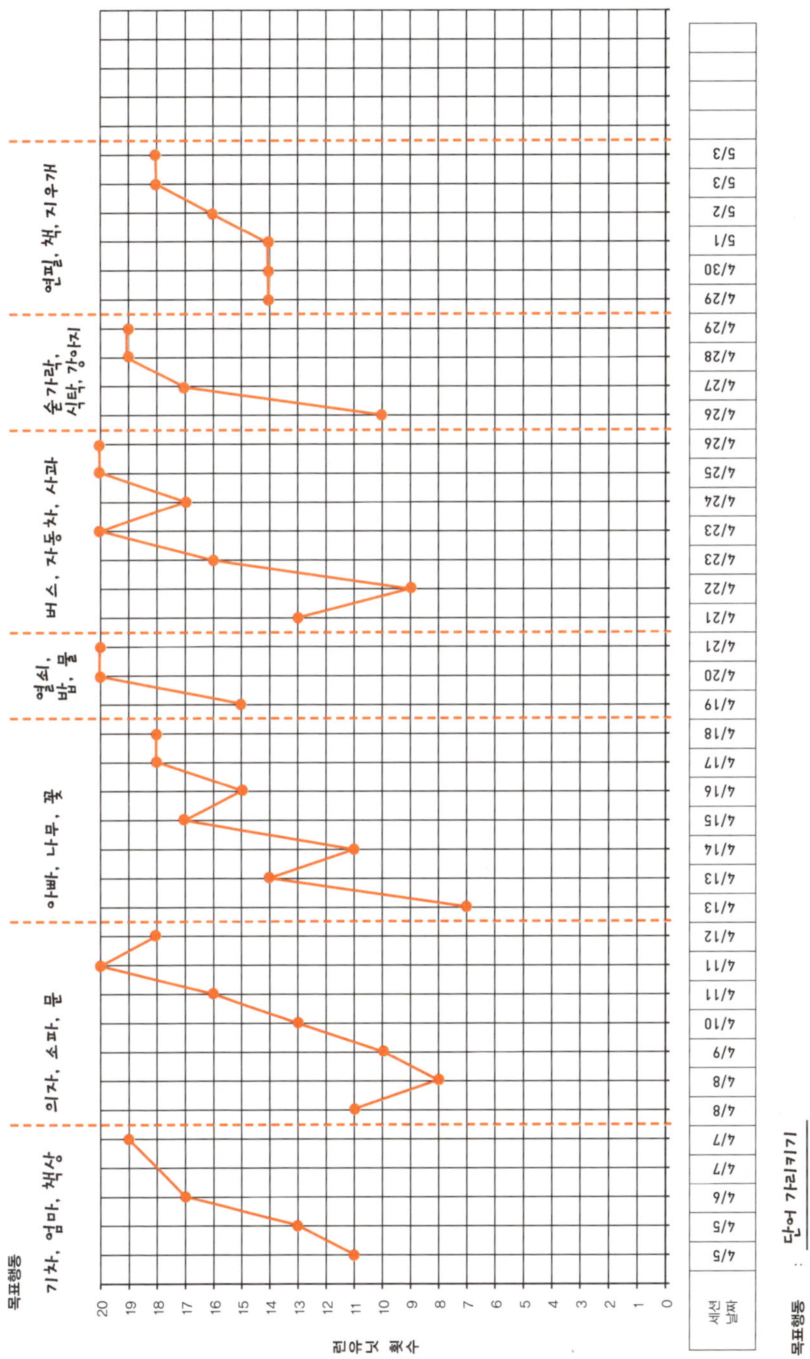
목표행동
기차, 엄마, 책상
의자, 소파, 문
아빠, 나무, 꽃
열쇠, 밥, 물
버스, 자동차, 사과
숟가락, 식탁, 강아지
연필, 책, 지우개
세션 날짜
목표행동 : 단어 가리키기

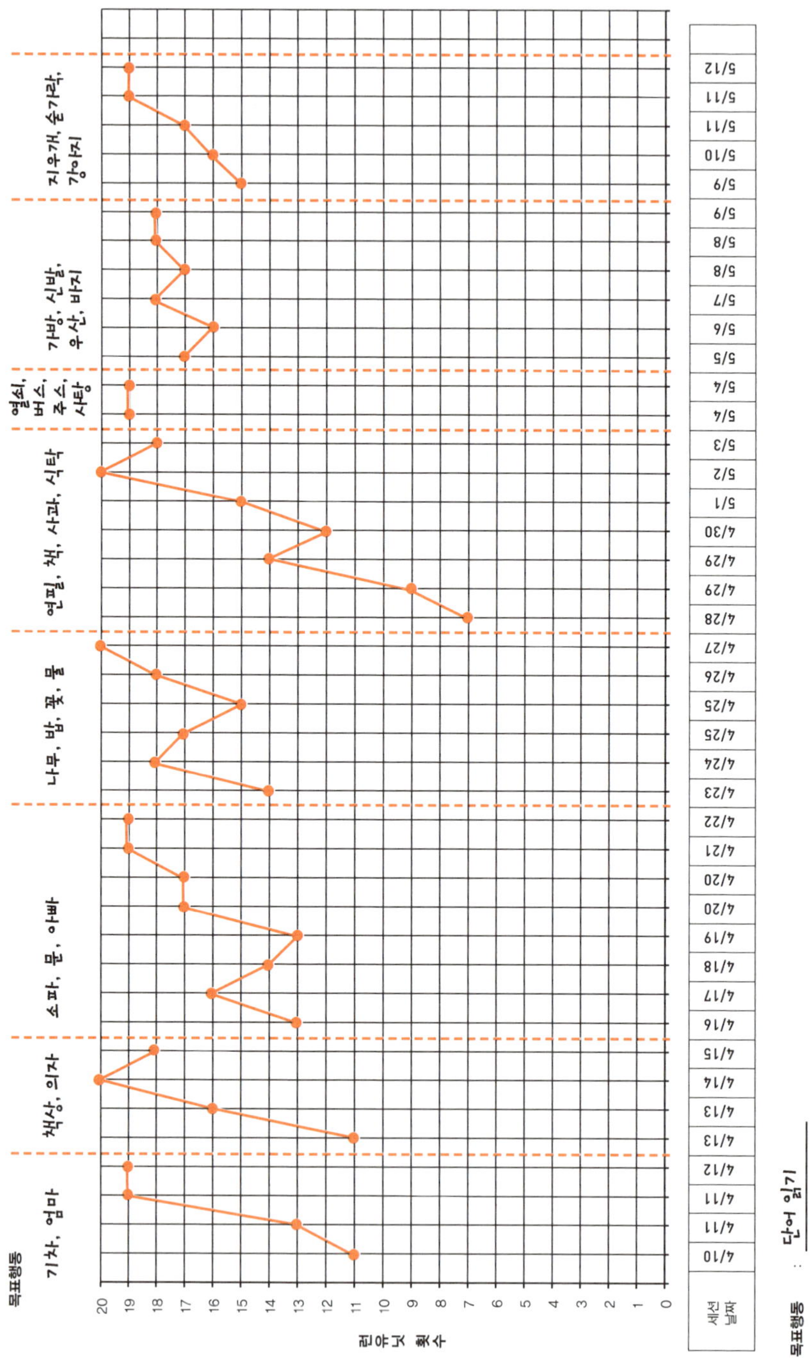
목표행동
기차, 엄마
책상, 의자
소파, 문, 아빠
나무, 밥, 꽃, 물
연필, 책, 사과, 식탁
열쇠, 버스, 주스, 사탕
가방, 신발, 우산, 바지
지우개, 숟가락, 강아지
세션 날짜
목표행동 : 단어 읽기

7 학습문제 해결하기

엄마 "앞에서 설명한 절차를 충실하게 따라 했는데, 아이가 단어를 습득하지 못하는 것 같아요. 정반응을 전혀 보이질 않고….'

닥터 최 "이런 것을 학습문제라고 합니다. 그 문제의 원인에 따라 다양한 전략을 사용해야 합니다."

앞에서 보여 준 다양한 그래프와 데이터를 보면 단 몇 개의 세션만으로 학습목표를 완수했다. 정반응의 개수는 세션이 진행됨에 따라 증가하였고, 몇 개의 세션 후에는 학습목표를 완수하였다. 이렇게 모든 아이가 손쉽게 배운다면 금상첨화이겠지만, 여러 경우에 있어서 우리가 원하는 방향으로 아이의 정반응이 관찰되지 않을 수 있다. 이러한 경우를 학습문제(learning problem)라고 하는데, 그 원인은 다양하다. 우선 학습문제를 해결하기 위해서는 데이터와 오류 패턴을 분석하고 런유닛의 배경을 분석하는 절차가 필요하다. 그 과정은 전문가가 담당하는 것이 적절하지만, 당장 우리 옆에 행동분석전문가가 없다. 그래서 자주 발생하는 학습문제의 원인을 제시해 본다면 다음과 같다.[2]

아이의 동기유발의 부재
강화제의 부적절한 사용
아이의 필수선행능력의 부재
선 · 후천적 의학적 요인

대부분 아이의 학습문제의 발생은 아이의 동기유발의 부재에서 비롯된다. 런유닛을 제시하기 전에는 항상 학습 유인력이 필수적이다. 동기유발 요소인 학습 유인력이 이루어졌을 때 아이의 반응은 실제적인 기능적 반응이 될 수 있고 이것이 참다운 런유닛이 될 수 있다. 실제적으로 런유닛을 제시하다 보면 아이가 엄마의 선행사건에 주의를 기울이지 않고 무작정 반응하는 경우가 있다. 이러한 경우, 그 반응에 대해서는 데이터를 기록하지 않고 정말 아이가 주의를 집중했을 때 그리고 강화제를 얻을 의욕이 있는 상태에서의 반응을 기록하는 것이 바람직하다. 아이의 주의집중을 이끌어 낸다는 것이 사실상 쉬운 일만은 아니다. 쉽게 사용할 수 있는 방법은 아이가 좋아하는 강화제를 해당 목표 프로그램에서만 사용하는 것이다. 아이가 고래밥을 정말 좋아한다고 하자. 그 고래밥은 오로지 학습 프로그램에서만 사용한다. 아이가 고래밥을 더욱 얻고 싶어 할 것이고, 이 동기가 더 좋은 주의집중을 이끌어 낼 수 있다. 그뿐만 아니라 런유닛을 제시하기 전에 아이에게 강화제를 잠시 보여 주면서 주의집중을 얻었을 때, 즉시 선행사건을 제시한다.

또한 부적절하게 강화제를 사용하는 경우 학습문제를 야기할 수 있다.

아이가 정반응을 보일 때마다 너무 많은 양의 강화제를 준다면, 그 강화제의 효과는 쉽게 없어지고 만다. 예를 들어, 아이가 '엄마'라는 단어를 읽었다. 엄마는 너무 기뻐서 고래밥 한 봉지를 다 먹게 했다. 이렇게 하면 결국 엄마의 손에 있는 강화제의 효과를 떨어뜨리게 될 수 있다. 이미 얻고 싶은 것을 다 얻었다면, 다시 얻기 위해 동기가 유발될 가능성은 더욱 작아진다. 아동의 수준에 맞게 강화제의 양과 계획을 조절하는 것이 중요하다.

또한 다양한 강화제를 사용하는 것이 적절하다. 아무리 적절한 양의 강화제를 이용하여 정반응을 강화한다고 하더라도, 강화 효과 유지의 한계는 있게 마련이다. 아이가 좋아하는 다양한 강화제를 이용하여 정반응을 강화하는 것이 바람직하다. 고래밥도 준비하고, 새우깡도 준비하고, 아이가 좋아하는 장난감도 준비하자.

다음으로 아이의 선행능력의 부족으로 학습문제가 발생하는 경우가 있다. 단어 가리키기, 단어 읽기와 같은 능력을 교육하기 위해서는 다양한 선행능력이 우선 아이의 능력군에 포함되어 있어야 한다. 수많은 선행능력이 우선 교육되어야 하겠지만, 기본적인 학습능력을 위해서는 아이가 주의집중 선행능력 — 의자에 와서 앉기, 가만히 앉아 있기, 눈 맞추기, 일반화된 모방 — 을 가지고 있는지 확인해야 한다. 이것을 교수통제(instructional control)라고 한다. 교실에 교사가 들어 오면 아이들은 떠들다가도 자리에 앉는다. 교사가 자리에 앉으라고 이야기하면 자리에 앉는다. 눈 맞추기를 통하여 얼굴을 관찰한다. 새로운 시범을 보여 줬을 때, 모방할 수 있다. 이러한 능력 중 최소한 몇 가지라도 선행되어 학습되었을 때 아동의 교육이 효과적일 것이다.

다른 선행능력은 아이에게 제공하는 자극의 조건화 여부이다. 조건화라는 개념은 제2부에서 설명하였다. 하나의 자극인 다른 강화제와 짝을 이루는 경험으로 인하여 일반자극이 조건화되는 개념이다. 이렇게 조건화된 자극은 짝을 이루었던 강화제가 가졌던 강화 효과를 가지게 되는데, 이러한 자극을 '조건화된 강화제'라고 한다. 엄마가 아이에게 모유를 주며 많은 이야기를 한다. 아이와 눈도 마주친다, 웃으며 이야기를 한다. 이때 모유라는 자연적인 강화제와 엄마의 음성과 얼굴이 조건화되는 것이다. 동화책 읽기를 예로 들어 보자. 엄마가 아이와 함께 동화책을 읽을 수도 있고, 아이가 동화책을 읽을 때 칭찬을 해 주기도 한다. 이러한 경험이 쌓여 동화책을 보는 행동이 어느 순간에는 조건화되어 스스로 책을 읽는 것을 좋아하게 된다는 이론이다.

단어 가리키기 · 읽기 프로그램에서 우리가 제시했던 선행사건의 구성요소는 크게 음성자극과 인쇄자극이다. "'엄마' 라는 단어를 찾아봐."와 같은 엄마 혹은 성인의 음성자극이 조건화된 경험이 없다면, 음성자극에 대한 주의집중이 떨어질 것이다. 또한 단어카드와 같은 인쇄자극에 대한 조건화된 경험이 없다면 단어카드에 주의를 집중하지 않을 것이고, 이것은 올바르지 않는 런유닛으로 이어지게 된다. 이러한 교육통제와 조건화 절차는 시중에 출판된 『언어행동분석』(박혜숙, 최진혁, 김정일 역)에 설명되어 있다.

마지막으로 선 · 후천적인 의학적 요인이 있다. 뇌손상과 같은 선 · 후천적인 의학적 요인으로 인하여 학습문제가 발생하는 경우가 있다. 이러한 경우에는 의학전문가의 조언을 얻어야 한다. 하지만 발달장애와 자폐아에게서 자주 보이는 언어지체의 경우에는 언어행동이론적 접근으로 아이의 언어발달을 잠재능력이 허락하는 수준으로 이끌어 낼 수 있다고 보고되고 있으며, 그 다양한 과학적 절차의 효과는 다양한 논문을 통하여 발표되고 있다.[3]

8

더 많은 프로그램을 함께 진행하자!

엄마 “하루에 단어 읽기만 가르쳐야 하나요?”

닥터 최 “다양한 프로그램을 함께 진행하면 좋습니다.”

이제 더 많은 프로그램을 진행하는 방법을 알았다. 런유닛을 제공하는 선행사건이 약간씩 다를 뿐이지 전체적인 구조는 비슷하다. 저자 역시 그러하듯 엄마도 많은 것을 가르치고 싶다. 앞에서 설명한 택트와 맨드 프로그램을 같이 진행하고, 단어 읽기 프로그램과 같은 방법으로 숫자 읽기 프로그램을 진행할 수 있다. 단어 읽기의 여러 단기학습목표를 습득한 아동에게는 단어 · 사진 짝 맞추기 프로그램을 진행할 수도 있다. 보통 5개 정도의 프로그램을 함께 진행할 수 있다면 좋을 듯하다.

“매일 모든 프로그램별로 1개의 세션을 진행한다.”와 같이 스스로 아이와 함께할 학습량 목표를 정할 수도 있다. 그리고 런유닛과 프로그램에 익숙해지면 세션의 수도 늘릴 수 있을 것이다. 올바른 런유닛 제시가 우선시 되어야 하겠지만, 더 많은 런유닛 제시는 결국 더 많은 교수적 경험으로 이어지게 된다. 더 많은 런유닛을 의미하는 것은 더 많은 강화제를 제공하였다는 것을 의미하므로, 좀더 긍정적인 환경 속에서 아이의 학습이 이루어지는 것을 의미한다. 또한 단어 읽기와 같은 긍정적 행동을 지속적으로 강화해 줌으로써 상동행동과 같은 부정적 행동의 감소를 이끌어 낼 수 있다.[4]

엄마 "집에서 아이를 가르치는 것이 생각보다 어렵지 않네요. 생각했던 것보다 큰돈이 들어가는 것도 아니고요."

닥터 최 "네. 하지만 생각보다 손이 많이 가는 것이 사실입니다. 데이터도 기록해야 하고 그래프도 그려야 하지만, 점차 익숙해지시면 생각보다 어렵지 않습니다."

엄마 "하지만 집에서 아이와 함께할 긴 시간을 마련하는 것이 쉬운 일이 아니네요. 퇴근해서 할 집안일이 산더미처럼…."

닥터 최 "충분히 이해합니다. 그래서 가족구성원의 팀워크가 중요합니다. 아이 아빠가 단어카드를 만든다든지, 더 많은 집안일을 책임진다든지, 아니면 아빠가 학습 프로그램을 진행하는 팀워크!"

엄마가 아이와 함께하는 시간을 이렇게 생산적으로 사용한다면 아이의 언어발달은 우리에게 더 가까이 다가와 있을 것이다. 무엇보다 모든 가족구성원의 지원이 필수적이다. 앞에서 설명한 교육 프로그램에는 사실상 큰돈이 들어가는 것은 아니다. 하지만 많은 시간을 요구한다. 직장이 있는 엄마라면 퇴근 후에 쉬고 싶은 마음이 굴뚝같다. 다른 집안일도 산더미이다. 아빠 역시 퇴근 후에 집에서 꿈쩍하지 않으려고 한다. 무엇보다 서로서로 의지하고 지원하며 시간을 효율적으로 사용하도록 하자.

닮아 최가 되기까지

군대식 줄 세우기

내가 밸리코티지초등학교에서 일할 때 담임으로 있었던 우리 반은 특수반인데도 칼 같은 줄서기로 유명했다. 한국 학교에서 쉽게 볼 수 있는 모습이 미국 공립초등학교에서는 다른 일반학급 아이들에게 귀감이 되는 정도였다.

체육관을 갈 때도, 학교 식당을 갈 때도, 운동장을 갈 때도, 체험학습을 갈 때도, 우리 반의 줄서기는 유명했다.

비결은 무엇일까?

문 앞에서 줄을 서도록 지도한다. 줄을 똑바로 서기 전까지 학급 전체가 교실을 나가지 못한다. 복도에서 줄을 못 서서 걸으면 다시 학급 전체가 교실로 되돌아간다. 줄을 잘 서서 걸으면, 천사처럼 칭찬한다.

이것을 가르쳐 주신 내 초등학교 1학년 선생님이 그리워진다.

참고문헌

1) Greer, R. D., & Ross, D. E. (2008). *Verbal behavior analysis: Inducing and expanding new verbal capabilities in children with language delays*. Boston: Person Education, Inc. 박혜숙, 최진혁, 김정일 역(2011). 『언어행동분석』(서울: 시그마프레스).

2) Greer, R. D. (2002). *Designing teaching strategies: An applied behavior analysis system approach*. San Diego, CA: Academic Press.

3) Keohane, D., & Greer, R. D. (2005). Teachers use of verbally governed algorithm and student learning. *Journal of Behavioral and Consultation Therapy*, *1*(3), 249?259.

4) Kelly, R. L. (1997). A functional analysis of the effects of mastery and fluency on maintenance. (Doctoral dissertation, Columbia University, 1997). Abstract from UMI Proquest Digital Dissertation [on-line]. Dissertation Abstracts Item: AAT 9616720.

PART 8

브랜든을 사랑해–
우리 아이 용변훈련

엄마 “우리 아이는 4살이 넘었는데 아직도 소변과 대변을 가리지 못했습니다. 신속하게 오줌을 가리도록 할 방법이 있을까요?”

닥터 최 “전문가들에 의해 개발된 방법들이 있습니다. 한번 알아봅시다.”

내가 가르친 브랜든은 3학년이 다 되도록 용변을 가리지 못하였다. 덩치도 큰 녀석이 학교에서 꼭 한두 번은 바지에다가 실수를 했다. 특수학급에 있을 뿐만 아니라 통합학급에 있는 시간에도 실수를 저지르는 바람에 어색하고 부끄러운 상황이 많이 벌어졌다. 그래서 한 학기의 가장 큰 프로젝트를 시작했다. 바로 용변훈련이다. 학부모에게 부탁해서 최대한 많은 여유 옷을 교실에 두고 적절하게 계획된 방법과 순서로 용변훈련을 시작했다. 3개월이 지났다. 아주 가끔씩 바지에다가 실수를 했지만, 예전처럼 하루에 몇 번씩이나 수도 없이 실수하지는 않았다. 아이는 화장실에 가고 싶을 때마다 맨드를 하고, 이제는 화장실에 잘 앉아서 소변이든 대변이든 쑥쑥! 실수하는 횟수도 줄어드니 통합학급의 아이들과 어울리는 시간도 늘어났고, 통합학급 아이들도 브랜든에게 더 마음을 열고 친구로 다가간다. 그렇게 발전하는 학생의 모습을 보면, 용변냄새가 지독하지만도 않다. 엄마들은 이 마음을 알 것이다.

이렇게 적절한 용변 보기 능력은 학교나 가정에서의 아동의 독립적 활동 능력에 아주 중요한 영향을 끼친다. 잦은 실수로 인해 더럽혀진 옷은 보호자나 교사의 시간과 노력을 소비하게 하는 것은 물론, 아동의 사회적 상호작용에도 지장을 준다. 따라서 적절한 시기의 용변훈련은 아동의 발달과정에서 중요한 의미를 지닌다. 용변훈련을 계획하는 과정에서 고려할 사항들은 아동의 용변훈련에 대한 준비 여부, 지속적이고 일관적인 용변훈련을 수행할 안정적인 인적 자원의 확보, 어린이집이나 유치원에 다니는 아동의 경우 어린이집이나 유치원과 가정 사이의 원활한 의사소통체제 확보 등이다. 학교와 가정의 협력이 필요한 경우 용변훈련을 관장할 한 사람을 정해서 일관적인 훈련이 이루어지도록 한다. 용변훈련에 소요되는 시간은 여러 요인에 의해 결정되는데, 하루에 얼마나 빈번하게 용변훈련을 시도할 수 있는지, 아동이 한 환경에서 얼마나 지속적으로 머무르는지, 하루에 섭취하는 음료수의 양은 어느 정도인지를 중요 변인으로 생각할 수 있다.

실제로 인터넷이나 각종 관련 서적에서 아이의 용변훈련에 관한 절차를 접할 수 있다. 하지만 우리는 응용행동분석학교에서 흔히 사용하는 단기 용변훈련방법[1]을 중점으로 알아보자.

1 훈련시기의 적절성 판단

용변훈련을 시작하기 전에 반드시 의사에게 문의하여 아이의 현재 건강 상태를 확인한다. 아이가 낮잠 동안에는 실수를 하지 않는다거나 반 시간이나 한 시간 정도 소변을 참을 수 있다는 것은 배뇨훈련을 할 준비가 되어 있다는 것을 말한다. 옷이 젖었는지를 감지하고 인식하는 능력의 여부는 물론, 의사소통능력이나 하의의 단추 · 지퍼를 조작할 능력 등도 고려사항이다. 그리고 아동이 보행이나 앉았다가 서는 동작을 무리 없이 하면 훨씬 용이하게 훈련을 할 수 있다. 하지만 보행이 불편한 아이들도 성공적인 배뇨훈련이 얼마든지 가능하다. 앞에 언급한 내용들은 아이가 배뇨훈련을 성공적으로 마칠 수 있는 준비가 되어 있는지를 짐작하는 데 도움이 되지만, 절대적인 판단기준은 아니다. 아이에 따라 개별화된 결정이 필요할 것이다. 또한 정신연령이 2세 이하인 경우에는 전문가의 도움을 받는다.

2

준비 고려사항

우선 훈련을 주관할 사람을 정한 후, 부모를 포함하여 훈련에 참가할 사람들에게 훈련 절차를 자세히 알려 준다. 절차 지침서와 데이터 기록지를 만들고 관련된 사람들이 분명히 그 훈련 절차와 자료 수집 절차를 이해하도록 한다. 아이가 깨어 있는 시간을 훈련시간으로 정하고, 하루 중 오랜 시간을 보내는 장소에서 훈련 절차가 정확하게 이루어지도록 조치한다. 예를 들어, 아이가 통학버스에서 머무르는 시간이 너무 길어 훈련을 오랜 시간 동안 하지 못해 훈련에 어려움이 있으면, 배뇨훈련이 이루어지는 동안만이라도 다른 교통편을 확보해서 통학시간을 줄인다. 최소 첫 일주일은 훈련을 주관하는 사람이 — 교사나 부모 — 가정과 학교에 걸쳐 훈련 절차가 지침서대로 실행되고 있는지 매일 점검한다.

3

준비물

단시일 내에 훈련이 성공적으로 종료되기 위해서는, 일단 훈련이 시작되면 관련 사람들의 집중적인 노력이 필요하기 때문에 준비 작업을 철저히 해야 한다. 준비할 사항은 다음과 같다.

a. **아이의 신체조건에 맞는 좌변기를 준비한다. 성인이 쓰는 좌변기 위에 덧붙여 쓸 수 있는 좌석이나, 딛고 올라가거나 변기에 앉아 발을 둘 수 있는 작은 의자, 혹은 어린이용 좌변기를 사용할 수 있다. 어린이용 좌변기를 사용할 때는 후에 아이가 일반 좌변기를 쓰는 것을 거부할 수 있다는 것을 고려한다.**

b. **아이가 좋아하는 음료수**

c. **강화제로 사용할 선호하는 장난감, 게임, 과자나 음식을 반드시 확보하여 배뇨나 배변 시에 즉각 제공한다.**

d. 데이터 기록지와 훈련 지침서

e. 여벌의 속옷과 겉옷, 양말, 그리고 경우에 따라서 여벌의 신발을 준비한다. 하의는 복잡한 단추나 지퍼 대신에 고무줄로 되어 쉽게 벗었다 입을 수 있는 옷으로 준비한다. 바깥쪽이 비닐로 되고 피부가 닿는 부분이 면으로 된 배뇨훈련용 속옷이 시중에 있는지 알아본다.

f. 훈련이 이루어지는 장소가 카펫이 깔린 곳이면 유사시에 대비해서 바닥에 비닐을 까는 등 청소가 용이하게 준비한다.

g. 훈련 지침서, 데이터 기록지, 여벌의 옷을 보관 · 운반할 가방을 준비한다. 학교와 집 혹은 다른 장소를 옮겨야 할 경우 필요하다.

h. 아이가 실수를 할 경우 즉각적인 감지가 어려운 상황에는 젖은 상태를 감지하는 감지기가 시중에 나와 있는지를 알아보고 구입하자.

4
용변훈련의 실행

다음에 설명할 절차는 단시일 내에 훈련이 완수되는 것을 목표로 한다. 이 훈련 절차의 목표 성과는 1) 아이가 배뇨의 필요성을 인지하고, 2) 자발적으로 혹은 맨드를 통해 3) 화장실을 위생적으로 이용하는 것이다. 이 절차는 정상적인 발달을 보이는 아이들은 물론 다양한 집단을 대상으로 실시될 수 있다. 무엇보다도 가정을 포함해서 일관적이고 지속적인 훈련이 아이가 깨어 있는 시간 동안 이루어지는 것이 중요하다. 용변훈련이 시작되면 기저귀 사용을 배제하고 용변훈련용 속옷이나 일반 속옷을 입히는 것 또한 중요하다. 훈련 기간 중에는 가급적 장기적인 외출의 기회를 줄인다. 용변훈련 절차는 다음에 설명된 요소들이 관여된다.

마른 속옷 점검

일정 시간을 간격으로 속옷이 말라 있는지 아이가 점검하게 한다. 이는 아이가 옷에 실수를 했을 때 이를 파악하기 위한 목적과 또한 실수하지 않아서 속옷이 마른 상태로 유지되고 있는지를 아이가 의식하게 하는 목적이 있다. 아이가 속옷을 마른 상태로 유지할 때 강화하는 것도 이 절차의 중요한 과정으로, 이를 통해 마른 상태로 유지하는 빈도를 증가시킨다. 아이 스스로 속옷을 점검하게 함으로써 마른 상태를 유지하는 것의 중요성을 인식하게 한다. 가능하다면 아이가 아침에 일어나는 순간부터 시작하여 15분 혹은 30분 간격으로 아이에게 몸의 앞부분을 만져 보게 하고 젖었는지를 묻는다. 이렇게 짧은 시간을 간격으로 점검함으로써 아이가 어느 시간대에 실수를 했는지 배뇨의 시간 패턴을 알 수 있고 평균 배뇨 간격을 계산할 수 있다. 이 절차 동안 점검이 일어날 때마다 데이터 기록지에 표기한다. 마른 속옷을 유지하면 "실수 안 했구나. 잘했어."라고 말하며 짧은 시간 안에 소비가 가능한, 선호하는 과자나 장난감을 준다.

훈련 절차가 본격적으로 시작되어 아이가 주기적으로 변기에 앉도록 하는 절차를 시행하기 전에 이 절차를 이용해서 기초선 자료를 수집한다. 즉, 이 기초선 기간에는 아이를 화장실에 데려가지 않고, 실수할 때마다 옷을 갈아 입힘으로써 옷을 적시는 시간 간격을 파악하여 아이의 자연스러운 상태에서의 배뇨 간격을 파악한다. 실수나 배뇨하는 상황이 발생하는 시간 간격을 측정해서 하루 동안의 평균 간격을 계산한다. 아이가 하루 중 특정 시간대에 특히 자주 배뇨를 하면 그 시간 중에는 좀더 빈번하게 좌변기에 앉도록 — 혹은 좌변기 앞에 서 있도록 — 한다. 만일 15분 간격으로 하는 점검이 실행 불가능하다면 이 과정을 생략하고 아이가 화장실에 갈 때마다 마른 속옷 점검을 하도록 한다. 이 경우 아이의 평상시 배뇨 간격보다 약간 짧게 간격을 정하되 1시간 안에 최소 1~2번은 화장실을 사용할 기회를 준다.

훈련 인원이 충분하지 않아 즉각적으로 실수를 감지하기 어려우면 시중에 젖은 옷을 감지하는 감지기가 유통되고 있는지를 알아보고, 구입 · 장착하여 즉각적인 감지가 가능하도록 한다.

스케줄에 따른 좌변기 사용

앞의 점검을 통해 파악된 배뇨 간격에 기반을 두어 스케줄을 정하고 일정하게 좌변기를 사용하게 한다. 마른 속옷 점검이 30분 간격으로 이루어졌다면 변기 사용은 30분 간격으로, 속옷 점검이 15분 간격이면 변기 사용은 아이의 정상 배뇨 간격에 따라 30분이나 45분 간격으로 주어지는 것이 적당하다.

스케줄에 따라 화장실을 이용할 때면 다음 절차를 따른다.

a. 아이에게 속옷이 말라 있는지 점검하도록 한다. "속옷이 말라 있니?"라고 물으며 아이와 함께 하의의 앞부분을 확인한다. 말라 있으면 칭찬하고 간단하게 선호하는 과자를 소량 준다거나 장난감을 준다. 이때 불필요한 지시어는 가급적 피한다. 속옷이 젖어 있으면 단호한 어조로 "소변은 속옷에 보는 것이 아니야. 화장실에서 봐야지."라고 말한다.

b. 아이를 변기그림이 부착되어 있는 장소로 데려가서 "화장실"이라고 말하고, 그림을 손가락으로 가리킨다. 1~2초간 대기한 후 손으로 그림을 떼어서 보호자에게 주도록 촉구한다. 데이터 기록지의 맨드란에 (P)라고 표기한다. 차츰 촉구를 제거하고 독립적으로 하도록 하며 독립적인 정반응은 데이터 기록지의 맨드에 (+)라고 표기한다. 음성언어가 원활한 아이는 그림을 떼어서 주는 대신에 원래 있던 장소에서 보호자에게 "화장실"

이라고 말하는 것을 목표로 한다. 이때도 에코익으로 촉구를 주는 것으로 시작하고 촉구를 점진적으로 제거하여 독립적으로 말하도록 지도한다.

c. 아이를 화장실로 데려간 후 아이의 하의를 가리키고 하의를 내리도록 한다. 1~2초 대기한 후 손으로 하의를 내리도록 촉구한다. 데이터 기록지에 (P)로 기록한다. 이때 촉구는 최소화한다.

d. 변기에 5분 정도 앉아서 긴장을 풀고 배뇨하도록 한다.

e. 아이가 배뇨를 하면 크게 칭찬하며 즉각적으로 선호하는 음식이나 게임 등 강력한 강화제를 제공한다. 배뇨를 하면 즉각 변기에서 일어나고 물을 내리도록 한다.

f. 배뇨 없이 5분이 경과하면 변기의 물을 내리도록 하고 하의를 올리도록 한다.

g. 세면대로 가서 수돗물을 틀고 비누를 사용하여 손을 씻도록 한다. 수돗물을 잠그고 수건이나 종이수건을 이용해서 손을 말리도록 한다. 모든 단계에 자료를 기록한다.

배뇨나 배변 관련 자료 수집과는 별도로, 앞에서 설명한 화장실 사용에 단계별 목표행동을 설정해서 자료 수집을 하여 화장실 사용 습득 과정을 모니터한다. 〈표 8.1〉은 앞에 기술한 화장실 사용과정을 지도하기 위한 과제분석(task analysis) 기록지의 한 예이다. 화장실을 사용할 때마다 배뇨 여부에 상관없이 위생적인 화장실 사용법을 지도하기 위해 앞의 과정을 시행하도록 하고 데이터를 기록한다. 아이에 따라 단계를 좀더 세분화하거나 혹은 반대로 아이가 거의 독립적으로 화장실을 사용할 능력이 있는 경우에는 취약한 단계에만 중점을 둘 수도 있다.

표 8.1 화장실 사용 과제분석(단계분석) 데이터 기록지의 예

	과제 수행단계	촉구 정도	훈련 세션					
			1	2	3	4	5	6
1	맨드	손가락을 가리키는 정도의 촉구						
2	하의를 내린다.	손가락을 가리키는 정도의 촉구						
3	좌변기에 5분 앉아 있는다. 혹은 5분간 서 있는다.							
4	하의를 올리고 경우에 따라 지퍼를 올리거나 단추를 잠근다.	손가락을 가리키는 정도의 촉구						
5	물을 내린다.	독립반응						
6	수돗물을 열고 닫는다.	독립반응						
7	비누를 사용하여 손을 씻는다.	시범 보이기						
8	수건이나 종이를 사용하여 손을 말린다.	시범 보이기						
날짜/시간								

맨드훈련

배뇨훈련의 궁극적인 목표는, 아이가 배뇨의 필요성을 감지하고 화장실을 사용할 수 있도록 주변 사람에게 맨드한 후 화장실을 위생적으로 사용하는 것이다. 따라서 배뇨의 필요성을 가까운 사람이나 보호자에게 알리는 능력도 중요 목표행동이다. 맨드의 형태는 아동의 기존 언어수준에 맞게 선정한다. 즉, 음성언어가 원활한 경우 "화장실"이라고 말하도록 하고, 음성언어가 원활하지 않은 아이는 좌변기그림을 눈에 띄기 좋은 곳에 벨크로로 부착해 놓고 아이가 좌변기를 사용할 때마다 좌변기그림을 훈련하는 사람에게 주도록 한다. 맨드의 여부를 데이터 기록지에 기록한다.

증가된 음료수 소비량

단기간에 배뇨훈련을 마치기 위해서는 하루에 배뇨 기회를 늘리는 것이 중요한 요소이므로, 음료수의 소비량을 평소보다 늘린다. 이때 의사와의 상담을 통해 건강에 지장을 주지 않는 음료인지 확인한다. 짠 스낵을 소비하게 하면 음료수의 소비량을 용이하게 늘릴 수 있다. 변기 사용 스케줄 사이에 최소 한 번 이상 음료수를 마시게 한다. 소비한 음료수 양도 기록한다(예 : 주스 2컵, 우유 한 팩).

데이터 기록

배변훈련 동안 자료 수집은 필수적인 요소로서, 데이터 기록지는 아이가 이동하는 곳이면 어디든지 지참한다. 데이터 기록지에는 마른 속옷 점검이 일어난 시간, 실수의 여부, 배변 · 배뇨의 여부, 맨드의 여부, 혹은 자발적인 변기 사용 여부를 기록한다.

표 8.2 배변훈련 데이터 기록지 사용의 예

날짜	시간	마름/젖음 (D/W)	변기 사용 (뇨, 변, 무)	맨드, 변기그림 사용 촉구된 맨드(P), 독립 맨드(+)	음료 소비
8/12	7 : 15 am	D	뇨	+	
	7 : 30 am	D			주스 1컵
	7 : 45 am	D			
	8 : 00 am	D	무	P	
	8 : 15 am	W	무	P	우유 50ml
	8 : 30 am	D			
	8 : 45 am	D			물 1컵
	9 : 00 am	D	뇨	+	

〈표 8.2〉에서 보는 것과 같이 아이가 눈을 뜨면서부터 15분 간격으로 속옷이 말라 있는지를 점검하고 45분마다, 혹은 옷이 젖었을 때마다 변기를 사용한 것을 알 수 있다. 이 사례에서 맨드는 변기그림을 이용하고 있다. 이 예를 보면 상당히 강도 높고 집중적인 훈련을 받고 있는 것을 알 수 있다. 이러한 절차는 더 신속하게 훈련을 마칠 수 있는 데 효과적이다. 훈련을 하는 인원과 대상 아이에 따라 마른 속옷 점검이나 변기 이용 빈도는 개별화될 수 있으나 1시간 동안 최소 한두 번은 변기를 이용해야 한다. 변기를 사용하는 시간 간격은 기초선 기간 중에 파악된 간격을 기준으로 한다. 앞에서 설명한 절차를 하루 동안 아이가 잠자리에 들 때까지 계속한다.

얼마나 신속하게 변기훈련이 종료되느냐는 얼마나 일관성 있게 훈련 절차가 실시되느냐에 달려 있다. 예를 들어, 아이가 유아원에 있는 5시간 동안에는 일관적으로 이루어지나, 집에 있는 동안 지켜지지 않는 경우가 많거나 혹은 그 반대의 경우, 또한 부모와 외출을 장시간 하는 사례가 잦아지면 성공적으로 변기훈련을 종료할 확률이 상대적으로 낮아지고, 소요되는 기간도 길어질 가능성이 크다. 따라서 계획단계에서 훈련 시기는 집이나 학교에 큰 행사나 변동사항이 없는 안정적 시기를 선택한다. 특히 학기 초와 같이 크게 환경이 바뀐 직후는 가급적 피하고 환경적으로 친숙해진 후 시작한다.

5

배뇨훈련의 종료 시기 결정

아이에 따라 훈련이 신속히 진행되기도 하고 좀더 긴 시간을 소요하기도 하므로 종료 기준을 설정하는 것이 필요하다. 집이나 학교에서 연속적으로 5일간 실수하지 않으면, 배뇨훈련이 어느 정도 성공한 것으로 간주한다. 이때는 독립적으로 화장실을 사용할 수 있어야 한다. 이 시기에도 마른 속옷 점검은 지속적으로 실시하나 실수 감지기는 착용하지 않아도 된다. 만약 실수가 감지되면 훈련단계로 돌아가 같은 절차를 실시한다. 아이가 2주일 이상 실수를 하지 않으면 배뇨훈련을 종료한다. 물론 마른 속옷 점검과 자료 수집은 종료 전까지는 계속한다. 아이가 이러한 절차를 통해 한 달 동안 훈련해도 진전이 없으면 전문가의 도움을 받는다.

6 기타 고려사항

이제까지 용변훈련의 주요 단계와 반드시 이루어져야 하는 주요 요소를 알아보았다. 다음으로는 기타 고려해야 할 사항을 휠러 박사(2007)가 제시한 것을 바탕으로 알아보겠다.

남자아이의 배뇨훈련

남자아이의 배뇨훈련 시 좌변기에 앉도록 할 것인지 혹은 앞에 서도록 할 것인지를 결정할 때는 다음 사항을 고려하여 개별적인 아동의 상황에 따라 결정한다.[2]

a. **아이가 배뇨와 배변의 필요성을 구분할 수 있는가?**
b. **배뇨와 배변의 욕구를 차별적으로 인지하고 필요한 근육 조절 등을 구분**

하여 실행할 수 있을 만큼 인지능력이나 조절능력, 그리고 집중력이 발달해 있는가?

c. **아이가 타인이 배변 시 앉고, 배뇨 시 서서 사용하는 것을 관찰을 통해 배울 수 있는가?**

d. **아이가 보고 따라 할 남자 롤 모델이 있는가?**

앞에서 살펴본 것과 같이 배뇨와 배변의 욕구를 차별적으로 인지하고 실행할 능력이 있거나 습득 가능한지가 관련 문제의 중요 쟁점인 것을 알 수 있다.

배변훈련

경우에 따라서 배변훈련이 먼저 이루어지기도 하지만, 대부분 배뇨훈련이 이루어진 후에 일어난다. 배변 시에는 배뇨 시와는 다른 감각적 자극이 동반되는데, 자폐성 장애아와 같이 특정 감각적 자극에 민감한 경우 배변훈련이 더 어려워지는 경우가 있다. 배뇨훈련과 동일한 원리로 배변훈련을 실행한다. 즉, 기초선 자료 수집을 통해(배변시간과 횟수를 기록) 시간적 패턴(예 : 점심식사 후 30분 경과 시)과 배변 간격을 파악하고, 변기를 사용해서 배변을 하는 경우 강력한 강화제를 준다.

강화제의 효력을 증대하기 위한 여러 가지 방법이 있다. 예를 들어, 선호하는 게임의 접근을 제한했다가 배변 후 즉시 게임을 할 수 있게 하는 것도 방법이다. 배변훈련 중에는 배뇨훈련 때와 마찬가지로 기저귀를 착용하지 않는다.

취침 동안의 배뇨훈련

주로 깨어 있는 시간에 실수를 하는지, 취침 동안에 실수를 하는지 파악한다. 주로 깨어 있는 동안에 실수가 일어난다면 먼저 깨어 있는 시간의 배뇨훈련을 시행한다. 깨어 있는 동안의 배뇨에 큰 문제가 없다면, 취침 동안에는 한 번 정도 아이를 화장실에 데려가 배뇨하도록 한다. 아이가 취침 동안 실수를 하는 경우, 배뇨가 시작되면 즉시 물기를 감지하고 큰 소리를 내는 알람장치를 장착시켜 배뇨의 필요성이 있으면 일어나서 화장실에 가는 습관을 형성시킨다. 취침 중 배뇨의 필요성을 줄이기 위해 다음 사항을 고려한다.

a. **밤에는 가급적 음료수의 섭취를 제한하고, 취침 2~3시간 전에는 음료수의 섭취를 제한한다.**
b. **취침을 규칙적으로 한다.**
c. **취침 직전에 그리고 깨어난 직후 배뇨하도록 한다.**
d. **취침 중간에 깨어날 때마다 배뇨하도록 한다.**

낯선 장소에서의 배뇨훈련

아이가 학교와 가정에서 변기훈련이 되어 있더라도, 낯선 장소에서도 원활하게 배뇨나 배변이 이루어지기를 기대하기가 어렵다. 낯선 곳에서의 성공적인 경험이 늘어날수록, 새로운 상황에 대한 적응이 용이해질 것이다. 우선 낯선 곳에 도착하면 미리 화장실의 위치를 알아두어 필요가 생기면 신속하고 조용히 이동할 수 있도록 한다. 낯선 곳이나 낯선 상황에서는 화장실을 이용할 필요가 있어도 그 상황에 관해 의사전달(맨드)을 하지 못하는 경우가 많다. 따라서 의사소통이 쉽게 그림카드를 준비하여 그것을 사용하는 것을 훈련할 수도 있다. 아이가 자발적으로 낯선 곳에서 맨드를 하면 크게 기뻐하며 강화제를 주어 그 행동이 낯선 상황에서 지속적으로 유지되도록 한다. 백화점이나 공공 놀이시설을 방문하기 전에 가능하면 미리 그 화장실 안 시설들의 차이점을 그림카드나 상황 이야기(social story)를 통해 이해시킨다. 친숙한 인형이나 작은 책 등을 소지하는 것도 마음을 안정시키는 데 도움이 된다.

엄마 "우리 아이는 화장실에 들어가거나 좌변기에 앉는 것을 싫어하는데 좋은 방법이 없을까요?"

닥터 최 "중요한 것은 화장실에 가서 좌변기를 사용할 때 아이가 기분 좋은 그리고 안락한 경험을 함께하도록 하는 것입니다. 음악을 틀어준다던지, 좌변기에 앉았을 때 좋아하는 이야기책을 읽어 주거나 조명을 아늑하게 해 주는 것도 그 방법이지요. 작은 발판 위에 발을 얹어 놓도록 하는 것도 안정감을 주는 한 방법입니다."

엄마 "우리 아이는 화장실에 가면 변기의 물을 여러 번 내리거나 수돗물을 잠그지 않고 계속 흐르게 합니다. 어떻게 하면 좋을 까요?"

닥터 최 "아이가 이야기나 그림카드를 이해하면, 미리 작은 이야기책을 이용해서 화장실 사용을 어떻게 하는지 이해시키는 것이 좋습니다. 함께 그림을 그리고 이야기를 만들어서 작은 책을 만드는 것도 좋겠지요? 가능하다면 형제자매가 직접 시연을 해 보여도 좋고 비디오를 이용해도 좋습니다."

엄마 "우리 아이가 학교에서는 화장실을 가려고 하지 않아서 선생님들을 힘들게 합니다. 가끔씩 난폭해지기도 합니다. 좋은 방법이 없을까요?"

닥터 최 "아이가 낯선 상황과 본인이 해야 할 일을 이해하지 못해 그런 행동을 보인다면 단순한 그림카드를 이용해 보는 것은 어떨까요? 즉 '변기 사용하기', '손 씻기' 그리고 '교실로 돌아가기'를 간단한 그림카드를 써서 그 과정을 수행하도록 촉구하는 것이지요. 또한 원하는 행동을 하면 즉각적이고 효과적인 강화는 이런 경우 가장 중요한 일이지요."

엄마 "우리 아이는 도대체 변기에 소변을 보려 하지 않습니다. 어떻게 해야 할까요?"

닥터 최 "아마 변기의 용도를 이해하지 못했다거나 방광을 조절하는 근육의 조절이 미숙하거나 혹은 화장실에 있는 것 자체가 불안감을 주는 등 여러 가지 이유가 있겠지요. 아이가 최초로 변기에 배뇨를 하는 경험을 주는 것이 중요한 관건이지요. 한번 이런 것들을 시도해 보십시오. 우선 미리 상황 이야기를 통해 변기의 용도를 분명히 이해시킵니다. 그리고 화장실에 가기 전에 다량의 음료를 섭취하도록 합니다. 일단 변기에 앉으면, 안정되고 마음이 느긋해지도록 충분한 시간 동안 앉아 있도록 합니다. 아울러 평안한 분위기를 조성합니다. 좋아하는 인형, 장난감, 음악 등을 화장실에 준비해 두는 것이지요. 변기훈련에서 가장 중요한 것은 일관적이고 지속적인 엄마와 선생님의 노력입니다."

엄마 "아이가 변기훈련에 잘 적응하다가 갑자기 후퇴해서 실수를 자주 합니다. 왜 그럴까요?"

닥터 최 "아이가 후퇴한 시기에 일어난 변화가 무엇인지 생각해 보십시오. 아이가 아프다거나 복용하던 약을 바꾼 경우, 섭취한 음료나 음식의 양이 늘었다거나, 이사를 해서 학교 환경이 바뀌었다든지, 가족 상황이 변해서 스트레스를 주었다든지 환경적인 여러 요인을 살피고 적절한 조치를 취해야 합니다."

엄마 "우리 아이는 한 달이나 변기훈련을 했지만 지금도 거의 변기 사용을 하지 않고 자주 옷에 실수를 합니다. 하고 있던 변기훈련에 문제가 있을까요?"

닥터 최 "훈련에 문제가 있는지 점검하는 것도 좋은 생각입니다. 우선 아이가 스케줄에 맞추어 화장실을 이용할 기회를 자주 갖고 있는지 점검해야 합니다. 최소 1~2번의 기회가 한 시간 안에 주어지도록 해야 합니다. 화장실 사용을 위한 맨드를 하도록 훈련하고 있는지, 아이가 옷이 마른 상태로 유지되는 것을 인지하고 강화되고 있는지도 장기적으로 보았을 때 중요합니다. 무엇보다도 직접적으로 영향을 미치는 것은 훈련 동안 자주 음료를 섭취하고 있는지 그리고 성공적으로 변기를 이용했을 때 선호하는 게임이나 장난감 등 강화제가 효과적으로 제공되고 있는지입니다."

엄마 "배변훈련 이야기책이나 배변을 위한 속옷에는 어떤 것이 있을까요?"

닥터 최 "인터넷에 정보가 많이 있더군요. 속옷은 덮개 배변훈련 팬티가 시중에 나와 있고, 이야기책으로는 키즈아이콘에서 출간한 『뽀롱뽀롱 뽀로로, 응가할 시간이야, 크롱!』 등이 나와 있더군요. 좀더 찾아보시면 좋은 정보를 얻으실 수 있을 겁니다."

표 8.3 용변훈련 데이터 기록지

날짜	속옷 점검시간	마름/젖음 (D/W)	변기 사용 (뇨, 변, 무)	맨드, 변기그림 사용 촉구된 맨드(P), 독립 맨드(+)	음료 소비
	7 : 00 am				
	7 : 30 am				
	8 : 00 am				
	8 : 30 am				
	9 : 00 am				
	9 : 30 am				
	10 : 00 am				
	10 : 30 am				
	11 : 00 am				
	11 : 30 am				
	12 : 00 pm				
	12 : 30 pm				
	1 : 00 pm				
	1 : 30 pm				
	2 : 00 pm				
	2 : 30 pm				
	3 : 00 pm				
	3 : 30 pm				
	4 : 00 pm				
	4 : 30 pm				
	5 : 00 pm				
	5 : 30 pm				
	6 : 00 pm				
	6 : 30 pm				
	7 : 00 pm				
	7 : 30 pm				
	8 : 00 pm				
	8 : 30 pm				

닥터 최가 되기까지

용변훈련 2

유치원에서 용변훈련을 집중적으로 시작하면 그 첫 단계는 화장실 변기에 앉아 아이가 '성공'의 '결과물'을 보기까지 아이와 함께 화장실에서 공부를 하는 것이다. 물론 화장실은 충분히 깨끗하다. 부모의 동의도 얻었다. 사진 짝 맞추기, 사진 이름 말하기, 눈 코 입 가리키기 등 모든 학습을 한 시간이고 두 시간이고 그 결과물을 볼 때까지 화장실에서 보낸다.

쪼로록…….

"결과물이다!"

바로 모든 것을 접고 다시 아이와 함께 교실로 당당하게 들어선다. 담임과 함께 세상에서 가장 큰 환호성을 지르며, 아이에게 확실하게 보상을 해 준다. 아이는 '내가 뭘 잘했지?' 하며 어리둥절해 하지만, 일단 '뭔가 잘했구나!' 하고 생각한다. 내일도, 모레도 이렇게 할 것이다.

쪼르륵…….

"와!"

퐁당!

"우와!"

화장실에서 결과물 만들기가 어른에게 보상을 받을 수 있는 방법이구나라고 학습할 것이다.

참고문헌

1) Dunlap, G., Koegel, R. L., & Koegel, L. K. (1987). *Toilet-training for children with severe handicaps: A field manual for coordinating training procedures across multiple community settings*. Huntington, WV: Marshall University.

2) Wheeler, M. (2007). *Toilet training for individuals with autism or other developmental issues*. Arlington: Future Horizons.

찾아보기

저자 소개

최진혁 Ph.D., BCBA-D

미국 컬럼비아대학교(Columbia University)의 사범대학(Teachers College)에서 응용행동분석전공 석사와 박사 학위를 받았다. Fred S. Keller School과 뉴욕주에 소재한 Rockland BOCES의 국/공/사립 초등학교와 중학교에서 교사로 근무하였으며, 현재 컬럼비아 대학교 사범대학 연구제휴 응용행동분석특수학교인 The Faison School for Autism에서 학교경영 디렉터(Director of CABAS)와 연구원으로 일하였고, 현재 부산대학교 교수로 재직 중이다. 그는 컬럼비아대학교 사범대학의 CABAS® Board에 의해 Associate Behavior Analyst자격을 취득하였고, 공인응용 분석가위원회(BACB®)에서 박사급 행동분석가 자격증(BCBA-D)을 획득하였다. 그의 연구는 한국과 미국/유럽의 특수교육과 응용행동분석 관련 학술지에 게재되고 있다. 역서로 〈언어행동분석〉이 있다.

박혜숙 Ph.D., BCBA-D

미국 미시간 주립대학교(Michigan State University)에서 학습장애 전공 석사학위를 취득하고, 미국 컬럼비아대학교 사범대학에서 응용행동분석 석사와 박사 학위를 받았다. 컬럼비아대학교 응용행동분석과의 부설 학교인 Fred S. Keller School에서 교사 및 수퍼바이저로 재직하였다. 2010년부터 미국 샘휴스턴대학교(Sam Houston State University) 응용행동분석학과 조교수로 재직하였고, 서울특별시 어린이병원 행동치료실의 총괄관리자 및 공주대학교 심리행동치료학과 객원교수직을 역임하고 있다. 컬럼비아대학교 사범대학의 CABAS® Board에 의해 Senior Behavior Analyst 자격을 취득하였고, 공인응용 분석가위원회(BACB®)에서 박사급 행동분석가 자격증(BCBA-D)을 획득하였다. 박혜숙 교수의 자폐증, 문제행동, 언어행동에 관한 많은 연구가 국제응용행동분석학회(ABAI)에 매년 발표되고 있으며, 역서로 〈언어행동분석〉이 있다.